ウィルチェアーラグビー元日本代表

三阪洋行


# 壁を越える

## 車いすのラガーマン
## パラリンピックへの挑戦


山川出版社

# 壁を越える

車いすのラガーマン　パラリンピックへの挑戦

もくじ

プロローグ　未来は自分で変えられる
――リオ・二〇一六――　9
涙のパラリンピック銅メダル／絶望は「小さなことの積み重ね」で希望に変えられる

第1章　すべてはパラリンピックのために

1　僕が出会った障害者スポーツ「ウィルチェアーラグビー」　18
障害者がどうやって「ラグビー」をする？／車いす同士でぶつかり合う迫力／ウィルチェアーラグビーのルールとは／その面白さは観戦してこそ伝わる

2　初めてのパラリンピックへ　30
――アテネ大会　二〇〇四年――

日本代表選手に選ばれる／ニュージーランド留学の経験がバネに／高校時代の恩師がかけてくれたひと言／届いた日本代表公式ジャケットに興奮／車いすでどうやって飛行機に乗る？／七万人の観衆に圧倒された開会式／パラリンピックでの対戦方式／実感させられた世界との実力差／「この舞台にまた戻ってきたい」

3　日本代表副キャプテンとして再び大舞台へ　60
――北京大会　二〇〇八年――
二三歳にして日本代表キャプテンをまかされる／情熱だけは誰にも負けない／日本のレベルアップに必要なものは何か／初めての就職と新チームへの参加／障害者の就職先を広げてくれたＩＴ革命／世界選手権での快進撃／結果をもたらした「大きな賭け」／本気でメダル獲得を目指した北京パラリンピック／観戦にきてくれた母の前で流した涙／観客も驚いた丸刈り頭集団の登場／パラリンピックで勝つことの難しさ

4　涙で終わった現役最後のパラリンピック　88
——ロンドン大会　二〇一二年——
再びキャプテンとして／骨折を隠しての出場／戦力の充実で再びメダルが視野に／オーストラリア・リーグでの武者修行／初の世界選手権銅メダルの陰で進行していた「腕の異変」／極度のスランプと選手生命の危機／「お前が貢献できるのはプレーだけじゃない」／選手村で味わった「プレーできない」という苦悩／「なんて残酷な終わり方なんやろう……」

第2章　車いすとともに生きる　——二つの人生——

1　高校生ラガーマン、頸髄損傷を負う　118
あの日のこと／ラグビーとの出会い／進路を決めた、ある一戦／布施工高ラグビー部へ／憧れの花園ラグビー場に立つ／「スパイク脱がせ！　足を冷やせ！」／

救急救命センターへ

2 ラグビーと怪我 *138*
――ラグビー界で障害者の僕が取り組んでいること――
ラグビーは「危険なスポーツ」か？／予防だけではなく障害を負ったあとのサポートも／
海外の事例に学びながら

3 僕の社会復帰までの道のり *147*
寝たきりの毎日／「誰があの子の面倒を見ればいいんですか？」／
お見舞いや励ましが苦痛に／医師の告知に一日中泣く／長く苦しいリハビリの日々

4 ウィルチェアーラグビーとの出会い *163*
「車いすでやるラグビーがあるらしいで」／僕を変えてくれた一本のビデオテープ／
大阪のウィルチェアーラグビーチームに参加／自動車免許を取得／車いすでの高校復学／
他人の視線へのストレスから引きこもりに／人生で最悪の「何もしたくない一年間」

5　僕を変えてくれたニュージーランド留学　183
「このままではあかん」という焦り／僕の留学を後押ししてくれた佐光先生／家族の反対を押し切って／受け入れ先も決まらないままの出発／言葉と文化の壁にぶちあたる／自分の意識を変える／ハイレベルな練習が教えてくれたこと／自分の可能性に気づく／全国大会での優勝を経験／ニュージーランドで変わった障害への考え方／「夢を叶えるためには、まず夢の追い方を知る必要がある」

## 第3章　目指せ！　東京パラリンピック、そしてその先へ
### ――続く日本代表コーチとしての新たな冒険――

1　アシスタントコーチとして二〇一六リオ大会へ　212
ついに現役を退く／コーチのオファーを受ける／選手たちの顔つきが変わった瞬間／指導者の仕事の面白さに目覚める／「コーチとは何ぞや」／

金メダルの夢が消えた準決勝／最後のミーティングに用意した切り札／
コーチとして立ち会えた「歴史的な一戦」

2　東京パラリンピック、そしてその先へ　234
働きながらウィルチェアーラグビーの指導、普及に取り組む／
世界的レジェンド、リッチー・マコウさんとの出会い／
ウィルチェアーラグビーを全国に／自信をくれたヘッドコーチの言葉／
二〇二〇東京パラリンピックとヘッドコーチへの道

あとがき　250

プロローグ

# 未来は自分で変えられる

——リオ・二〇一六——

## 涙のパラリンピック銅メダル

そのとき僕は、リオデジャネイロ（ブラジル）にあるカリオカアリーナで、目の前で繰り広げられている激闘の結末を、コート横のコーチングエリアから涙をこらえながら見守っていました。

二〇一六年九月一八日。リオで開催されたパラリンピックの大会最終日に行われたウィルチェアーラグビー競技の三位決定戦で、日本はウィルチェアーラグビー発祥の国、カナダと対戦しました。

二〇〇〇年シドニー大会からパラリンピックの公式競技となったウィルチェアーラグビーで、カナダは過去に銀メダル二回、銅メダル一回を獲得している強豪国です。一方の日本は二〇〇四年アテネ大会以来、四大会連続出場しながらも過去三大会は結果を残せず、二〇一二年ロンドン大会の四位が最高成績でした。

僕自身も、プレーヤーとしてアテネ大会から三大会連続でパラリンピックを経験しましたが、日本と世界との間には大きな壁があることをいつも痛感してきました。

それだけに、目の前で日本のプレーヤーたちがカナダ相手に躍動し、銅メダル獲得まであと一歩という状況を迎えたとき、コーチとしてその場にいた僕には、それまで経験したことのない特別な感情が胸いっぱいに湧き起こっていました。

試合は日本が二点リードを保ちながら展開し、いよいよ第四ピリオドも残り時間わずかとなる中、日本は五二対五〇でカナダをリードします。そして試合終了までの残り時間は、わずか〇・七秒！

「無事、このスローインをジャパンの選手が受け取れば、勝利が決まる……」

その直後、日本ボールのスローインは池崎大輔選手の両手にすっぽりと収まりました。すぐにアリーナに響きわたる、試合終了を告げるホイッスル。僕は感極まって号泣し、しばらくの間、あふれ出てくる涙が止まりませんでした。

そのわずか一秒にも満たない時間の中で、どんな想いが全身を駆け巡ったのか、今でも正確に振り返ることはできません。ただ、ホイッスルが響いた瞬間、堰《せき》を切ったように僕の中にいろいろな感情が渦巻き、号泣してしまったのだと思います。疲れた、やっと終わった、これでようやく解放される。めちゃくちゃ嬉しい、誇らしい、ついに歴史が変わった……。

とにかく、いろいろな感情でした。よく人からは「コーチだとメダルをもらえないですよね」と言われることもありますが、僕にしてみればあの場に選手たちと一緒にいることができただけでもすごく価値があったと思っています。確かにプレーヤーとしてはメダリストになれませんでしたが、その瞬間に少なからず自分も関わることができたことを、いまも誇りに感じています。

あの銅メダルは、一年や二年の努力で獲《と》れたわけじゃない。僕自身もこのスポーツの世界に入って、メダルを目指して何度もチャレンジして、それでも僕の現役時代には達成できなくて……。でも、またこういうチャンスをもらい、その場にいられたことにものすごく幸せを感じましたし、とにかくその偉業を成し遂げてくれたプレーヤーたちには、いまも感謝の気持ちでいっぱいです。

## 絶望は「小さなことの積み重ね」で希望に変えられる

同時にそれは、日本のウィルチェアーラグビー界にとって歴史が大きく変わった瞬間でもありました。

それまでのパラリンピックでメダルを獲得した国は、アメリカ、ニュージーランド、オーストラリア、カナダの四ヵ国のみ。その四強の牙城を、ついにアジアの日本が奪ったという事実は、きっと四強以外の国々に大きな希望を与えることになったと思います。

試合後のメダルセレモニーのとき、コーチの僕はコートサイドからそれを見つめていました。

優勝したオーストラリアの国歌が流れる中、オーストラリアとアメリカの国旗に並んで、日の丸が高々と掲げられていきます。その光景を見たときに感じた達成感は、これまでの人生で感じたことのない格別なものでした。

少年時代からラグビーに打ち込み、花園を目指していた少年時代。でも、僕はひょんなことからその後の人生を車いすで生きていくことになりました。頸髄損傷というハンディキャップを背負った当初は「もうどうにでもなれ！」という気持ちに振り回されてしまい、絶望から命を自ら絶とうとしたこともありました。

この先どうやって生きていけばいいのか。どうすれば自分の人生を充実させることができるのか……。

一〇代の未熟な若者が、その後の自分の人生について悩みに悩み抜いたその先に、このウィルチェアーラグビーというスポーツとの出会いがありました。その出会いがなかったら、パラリンピックという素晴らしい舞台を経験し、日本初の銅メダル獲得という歴史的瞬間に立ち会えることもなかったと思います。

それまでの自分を振り返ってみても、決して良いことばかりではありませんでした。むしろ、苦悩と挫折の連続だったような気がします。

ただいつも思うのは、ある日突然、自分の世界が大きく変わって、ものすごくマイナスでネガティブな考え方になってしまったとしても、そこから出会うもので人生は変えられる、ということです。

物事や人との自分の向きあい方次第で、未来を絶望から希望に変えていくことができるのだ、ということをほんの少し学べたことが、自分にとっていちばん大きな人生の教訓なのかもしれません。

日本が銅メダルを獲得したセレモニーを見守っているときに、その思いは確信に変わり、心の中で大きく叫びました。

「これは絶対に偶然なんかやない、必然なんや」

僕を生んでくれた両親のことを考えると、口が裂けても「これでよかった」なんて、言いたくはありません。でも、心のどこかで「きっと僕は必然的にこの世界に来て、この世界の中で、これからも何か使命感を持って生きていくんだろう」と、今は思っています。

一度は「さよなら」を告げたはずのパラリンピックに、図らずもまた別のかたちで参加することができ、それまで叶《かな》えられなかった夢を、少し違ったかたちで実現することができたのです。

だから僕は、少し違ったかたちでも、追い続ければ夢を実現することはできると思っています。どんなかたちにせよ、小さなことの積み重ねこそが、自分が描く目標に少しずつ導いてくれるのだと信じています。

コーチとして日本の銅メダル獲得に貢献できたリオデジャネイロでのパラリンピックを終えた後も、僕はそう思いながら生きています。

# 第1章

# すべてはパラリンピックのために

# 1　僕が出会った障害者スポーツ「ウィルチェアーラグビー」

## 障害者がどうやって「ラグビー」をする？

みなさんは、ウィルチェアーラグビーというスポーツをご存じでしょうか？

二〇一六年にリオデジャネイロで開催されたパラリンピックを見た方なら、日本代表チームが銅メダルを獲得したので、一度はこのスポーツの名前を耳にされたことがあるかもしれません。

ウィルチェアーラグビーをひと言で説明すると、「ウィルチェア（Wheelchair）＝車いす」に乗ってプレーするラグビーのことで、四肢麻痺者など比較的重い障害を持つ人がプレーできるように工夫されたチームスポーツです。

パラリンピックでは二〇〇〇年のシドニー大会から公式競技となり、ウィルチェアーラグビー日本代表は二〇〇四年アテネ大会から二〇一六年リオデジャネイロ大会まで、四大会連続で出場しています。次のパラリンピックは二〇二〇年に予定されている東京大会なので、日本代表は開催国チームとして、五大会連続で出場することが決定しています。

東京パラリンピックが近づくにつれ、日本でもパラスポーツ（障害者スポーツ）に対する関心は高まっていますが、それでも実際にウィルチェアーラグビーを見たことがある人は、そう多くはないでしょう。もしかしたらまだ見たことがない人にとっては、いわゆるラグビーの車いす版、というイメージが沸いてしまうかもしれません。

でも実際は、そのイメージとはかけ離れたスポーツだといえます。

僕も初めてウィルチェアーラグビーというスポーツがあると聞いたときは、どんなスポーツなのかまったく想像もつきませんでした。その存在を僕に教えてくれたのは、かつて自分が通っていたリハビリセンターの作業療法士の先生でした。最初に聞いたときは「ええ？　車いすでラグビーって、どうやってやるんやろう？　いやいや、車いすでグラウンドをよう走らんし、そんなん絶対に無理やろう」と思ったほどです。

特に僕は高校時代までラグビーをやっていたので、車いすに乗りながらどこに転がっていくのかわからない楕円球（ラグビーボール）を使ってプレーするなんて、絶対に不可能だろうと考えたのです。

でも、いざ先生に借りたウィルチェアーラグビーのプレー映像をビデオで見たときは「なるほど！」と、すぐに納得できた記憶があります。

## 車いす同士でぶつかり合う迫力

まず、ウィルチェアーラグビーは健常者ラグビーのように屋外のグラウンドでプレーするのではなく、体育館（アリーナ）で、バスケットボールと同じサイズのコートでプレーします。

使用するボールは楕円球ではなく、バレーボールに近いものです。実際は、バレーボールの五号球をもとに開発されたウィルチェアーラグビー専用ボールを使用していて、競技用の車いすも一般的なものとは違い、機敏に動けるようにタイヤがハの字形に取り付けられています。

車いすのタイヤには、タックルから車いすを保護するためのスポークカバーが装着されていて、主に二種類の車いすを使用します。ひとつは、主に障害が軽いプレーヤーが使用する攻撃型の車いすで、小回りが利くようにコンパクトで丸みを帯びた形状につくられています。もうひとつは、障害が重いプレーヤーがよく使用する守備型の車いすで、相手の動きをブロックするためのバンパーが足もとに突き出しているのが特徴です。

では、なぜそれが〝ラグビー〟なのか？

正式な名前の由来については定かではありませんが、とにかくこのスポーツ最大の特徴はその激しさです。車いす同士がぶつかり合う様子は、まさに車いすのラグビーといっていいでしょう。

相手選手にタックルして激しくぶつかり合うときに響く金属音の迫力もそうですが、試合中にプレーヤーが車いすごと転倒してしまうことだって日常茶飯事の光景です。衝撃によって頻繁に車いすのタイヤが壊れてしまうので、各チームにはタイヤ交換やパンク修理を行う専門のメカニックも加わっているほどです。ウィルチェアーラグビーが、「マーダーボール（殺人球技）」の異名をとる所以《ゆえん》だと思います。

また、別名という点では、ウィルチェアーラグビーは四肢に障害を持つ人がプレーすることから、一部の国では「クワドラグビー（Quad Rugby）」とも呼ばれているそうです。ちなみにパラリンピックの公式競技の中で、唯一車いす同士のぶつかり合いが認められているのが、ウィルチェアーラグビーなのです。

## ウィルチェアーラグビーのルールとは

ウィルチェアーラグビーは、一チーム最大一二人で編成され、試合では各チーム四人のプレーヤーがコートでプレーします。また、各プレーヤーは障害の重さによりクラス分けされていて、障害が最も重いプレーヤーに与えられる〇・五ポイントから最も軽いプレーヤーに与えられる三・五ポイントまで、〇・五ポイント刻みで七段階の持ち点が与えられています。

実はこの持ち点が、チーム編成を決めるときの重要な要素になります。なぜならルール上、各チームはコートで同時にプレーする四人の合計ポイントを八ポイント以内に収めなければならないからです。このルールがあるために、高いポイントが与えられる障害の軽いプレーヤーだけでチームを編成することはできません。もし三・五ポイントのプレーヤー四人でチームを編成した場合、その合計ポイントは一四ポイント。上限の八ポイントをはるかにオーバーしてしまいます。

そこで、各チームはハイポインター（二・五〜三・五のプレーヤー）、ミドルポインター（二・〇のプレーヤー）、ローポインター（一・五〜〇・五のプレーヤー）を上手く組み合せて、自分たちの戦略や戦術に合わせたバランスのよい四人でチームを編成します。また、試合中は何度でも自由に選手交代を行えるため、試合展開によってメンバーを入れ替えて攻撃的にしたり、守備的にしたりすることもできます。

試合終盤に捨て身の勝負に出るタイミングなど、選手交代が勝敗の行方を決めることがよくあるので、ヘッドコーチを中心としたベンチワークはとても重要になってきます。

また、男女混合であることもウィルチェアーラグビーの特徴のひとつです。チームに女性プレーヤーが含まれる場合は一人につき〇・五ポイントの追加が認められているので、四人全員が女性プレーヤーの場合は事実上一〇ポイントでチームを編成することもできます。

二〇二〇年東京パラリンピックを目指す日本代表にも倉橋香衣選手という女性の代表候補プレーヤーがいますが、彼女がコートに入った場合は最大とされる八ポイントに〇・五ポイントの加算が認められるので、チーム編成上、大きなメリットが生まれます。そういう点で、女性プレーヤーの台頭がそのチームのレベルアップのカギとなるといえるかもしれません。

## その面白さは観戦してこそ伝わる

その他、簡単にウィルチェアーラグビーのルールをここで説明しておきましょう。競技時間は各八分間のピリオドを四回行い（第一ピリオド〜第四ピリオド）、各ピリオドの間には二分間のインターバル（休憩時間）が設けられています（第二・第三間のインターバルはハーフタイムとして五分間）。

また、健常者ラグビーと違って前方へのパスは認められていますが、オフェンス（攻撃）側はボールを保持してから一二秒以内にセンターラインを越えなければならず（一二秒ルール）、しかも四〇秒以内にゴールをしなければ反則となって、ボールの保有権が相手チームに移ってしまいます。

一度センターラインを越えて相手陣内に入ったら自陣へのバックパスは禁止されており、ボールを持っているプレーヤーは一〇秒以内に一回ドリブルするか、味方にパ

## ウィルチェアーラグビー用コート

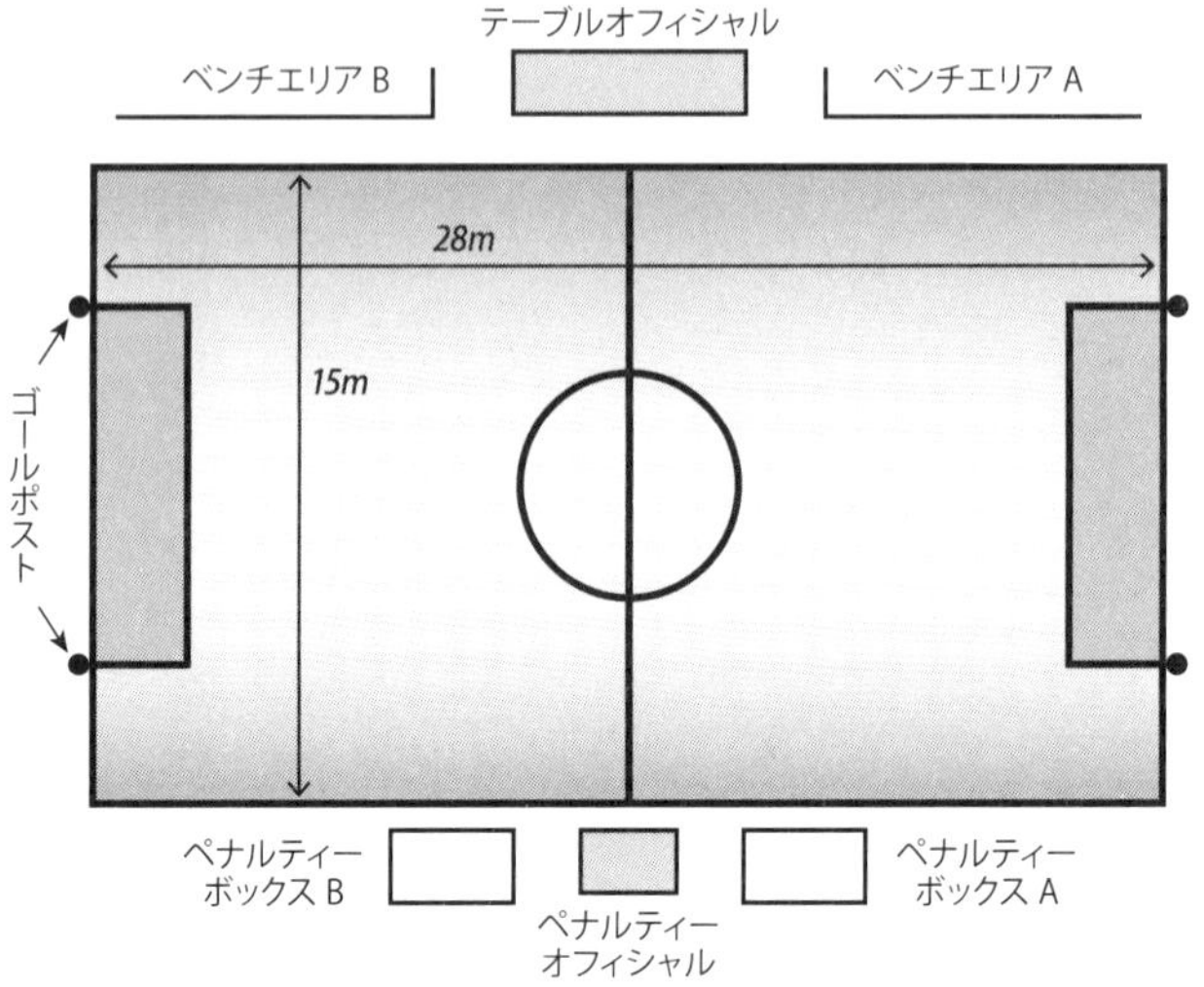


## 基本的なルール

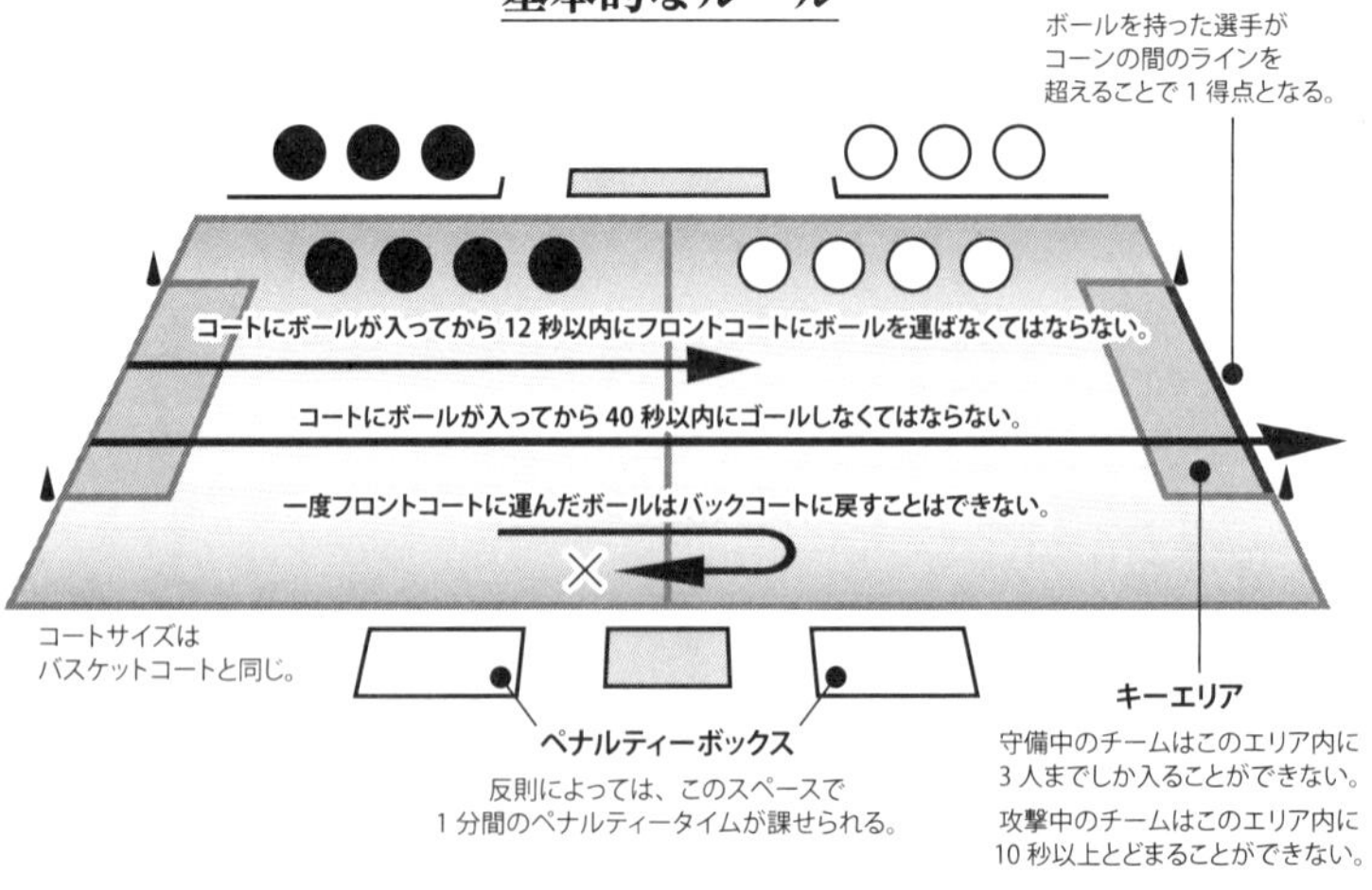

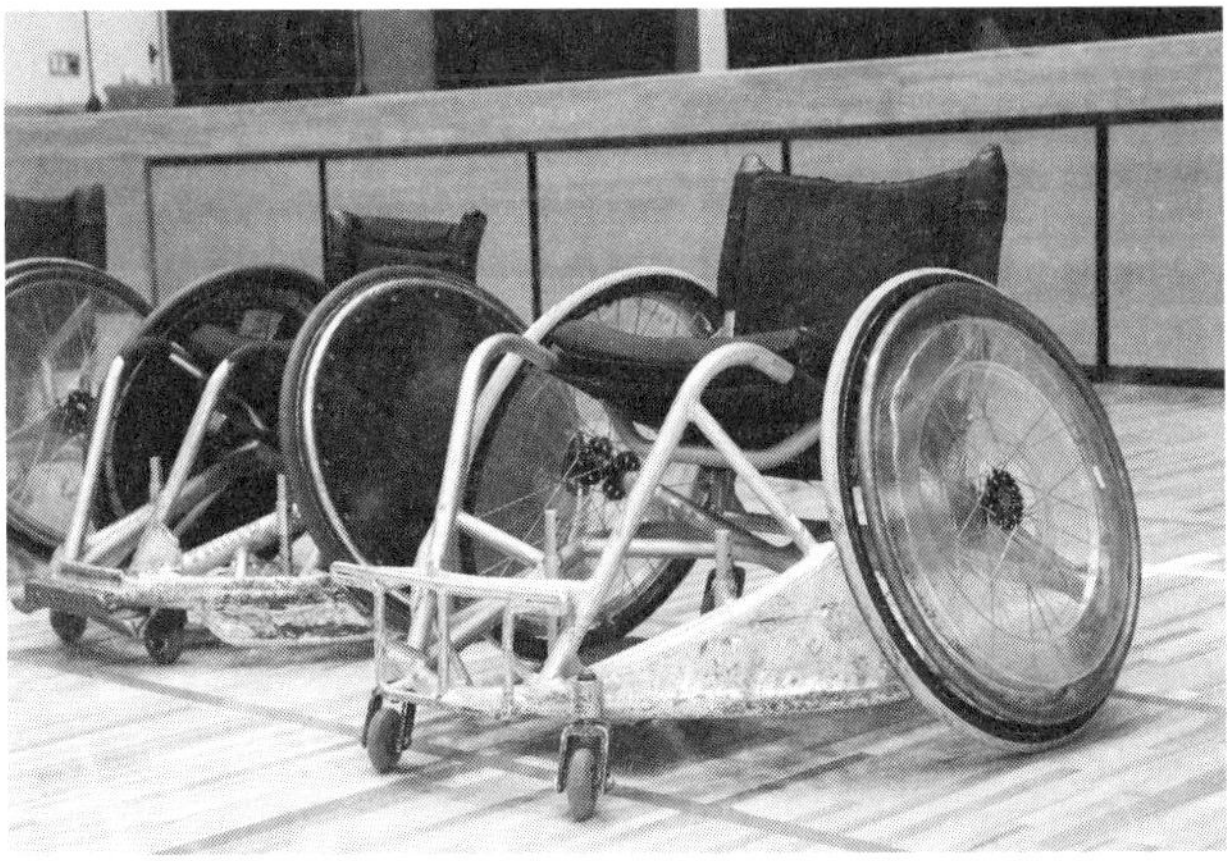

競技で使用される専用車いす（写真は古いタイプの一例）
撮影　高島宏幸

著者は全国でウィルチェアーラグビー普及に取り組んでいる。写真は「チャリティスポーツシンポジウム in 世田谷」（Support Our Kids 実行委員会主催）での子どもたちの体験風景（右端が著者）
撮影　高島宏幸

スをしなければ反則（一〇秒ルール）となります。それ以外にも、タイムアウトが各チームに四回認められているなどウィルチェアーラグビーには時間に関係するルールが多くあるので、プレーヤーは時間を気にしながらプレーする必要があるという点も、特徴のひとつになっています。

ここで紹介した以外にも細かいルールはありますが、これだけ知ってもらえればウィルチェアーラグビーを楽しく観戦することはできるのではないでしょうか。あとは、実際にアリーナで観戦することをお勧めします。一度でも会場に足を運んでもらえれば、きっと迫力満点のウィルチェアーラグビーの魅力がダイレクトに伝わるのではないかと思っています。

僕自身も、一七歳のときに頸髄損傷という重度の障害を負ってから、このウィルチェアーラグビーというスポーツの虜になり、自分の第二の人生をかけて、それこそ無我夢中で取り組みました。新たな人生の目標のもと、監督やコーチ、選手らと汗を流し苦楽をともにしながら、幸いにもプレーヤーとしてパラリンピックという世界最高の舞台を三度も経験することができました。パラリンピックで得た経験は、自分が生きていくための大きな活力となっていると、いまでも断言できます。

パラリンピック――。

障害者アスリートにとって、そこは憧れの舞台。健常者アスリートがオリンピックを目指すように、僕らもそこを目指して日々努力を重ね、そして実際に行って感じたのは、パラリンピックは本当に夢のような場所だったということでした。

## 2 初めてのパラリンピックへ ——アテネ大会 二〇〇四年——

### 日本代表選手に選ばれる

僕が本気でパラリンピックの舞台を目指し、その目標が自分の視界に入ってくるようになったのは、二〇〇三年頃のことでした。前年の二〇〇二年秋に約四ヵ月間のニュージーランド留学を経験したことで、プレーヤーとして飛躍的にレベルアップし、自分のプレーに自信が芽生えるようになってきた時期です。当時、僕はまだ二一歳。初めて日本代表に招集されたのも、その年の四月だったと記憶しています。

日本代表に選出された僕は、いよいよ本腰を入れてウィルチェアーラグビーに取り組もうと、住居を実家のある大阪から埼玉県所沢市に移すことにしました。

引っ越しの理由は、所沢に国立障害者リハビリテーションセンター病院（国立リハセンター）があったからです。国立リハセンターではウィルチェアーラグビーが盛んに行われていたことに加えて、障害者が職業訓練を受けられる学校もありました。その学校で資格を取得して就職の準備をしながら、ウィルチェアーラグビーのトレーニングもたっぷりできるのが魅力で、当時の自分にはうってつけの環境でした。

所沢への引っ越しを決めると、まずは現地でのアパート探しです。大阪の実家は、僕が車いす生活をすることになってから両親が家を改築し、いわゆるバリアフリー住宅になっていましたが、賃貸物件は勝手にリフォームできません。不動産会社を何軒も回り、車いすでも生活できそうな部屋をなんとか見つけだしました。

僕にとっては、人生初のひとり暮らしです。脊髄損傷を負ってから、家族にサポートしてもらいながら日常生活を送っていた僕が、まさか海外留学を経験し、その直後に縁もゆかりもない埼玉県でひとり暮らしをすることになろうとは、考えてもみませんでした。新生活が始まる部屋で、随分自分の意識と行動が変化したと感じたことを思い出します。

ただ一方で、両親には少し申し訳ないことをしたという気持ちもありました。海外留学から帰国してわずか数ヵ月で、今度は大阪を出ていくことになり、せっかくリフォームしてくれた実家に肝心の僕がほとんどいなかったからです。両親には無駄なお金を使わせてしまったと、いまでも反省しています。

とにかく、午前中から午後三時頃まで職業訓練学校で勉強して、夕方からウィルチェアーラグビーのトレーニングに励むという毎日が始まりました。それは自分が望んだ生活だったので、ひとり暮らしで強いられる障害者ならではの生活の不便さも、さほど苦になりませんでした。

また、プレーヤーとしても、毎日ラグ車（ウィルチェアーラグビー用車いす）に乗りたいという気持ちになるほど高いモチベーションを維持することができ、ウエイトなどのハードなトレーニングにも積極的に取り組みました。いま振り返ってみても、おそらくこの時期が自分のキャリアの中で、最もウィルチェアーラグビーに打ち込む時間が長かったと思います。ものすごくハードではありましたが、ストレスを感じることもなく、本当に充実した毎日でした。

その頃は、日本代表でプレーしているときも自分自身の充実ぶりを実感できていた時期でもありました。当初は代表チームではいちばんの下っ端だという意識で参加しており、当時監督だった塩沢康雄さん（現日本ウィルチェアーラグビー連盟理事長）から「お前はまだスピードが足りない」などと課題を突きつけられて歯がゆい思いをしたりしましたが、二〇〇三年一一月のアジア・オセアニア選手権を機に、日本代表における僕の立場は大きく変わることになったのです。

## ニュージーランド留学の経験がバネに

当初、クラス分けでの僕の持ち点は三ポイントでした。でも、実際はもっと低い点数なんじゃないかという話が出始めていたこともあり、その大会にエントリーするときに二・五ポイントで申請してみたら、審査の結果二ポイントに下がったのです。ウィルチェアーラグビーでは、プレーヤーのクラス分けの持ち点が低くなるとチーム編成にメリットが生まれます。当時は、持ち点が三ポイントだと自分がレギュラーになるのは難しいと感じていたので、このことは僕にとって大変な朗報でした。それが、日本代表のレギュラーに僕が近づくことができた要因のひとつだったと思います。

そしてレギュラーメンバー入りの決定打となったのは、オーストラリア、ニュージーランド、日本の三ヵ国で行われたアジア・オセアニア選手権でのパフォーマンスでした。

実はその大会は、僕の中では前から重要な位置づけになっていました。なぜなら、ニュージーランド留学から帰国するときにみんなが開いてくれた現地でのお別れ会で、「日本に帰ったら絶対に日本代表に入るので、来年日本で開催されるアジア・オセアニア選手権で再会しよう!」と、大見得を切って大勢の前でスピーチしてしまっていたからです。

そんなこともあって、代表メンバーに入ったことをメールで知らされたときは、嬉しい気持ちよりも、とりあえずはほっとしたことを覚えています。でも、当時の僕にとってはメンバーに入ることがゴールではなかったので、いかにして試合に出場するか、そのチャンスをうかがいながら大会に臨みました。

ようやくチャンスが巡ってきたのは最終戦でした。それまでは、持ち点が二ポイントになったこともあって短い時間の出場機会は得られていたのですが、それでも各試合一、二分といった程度。とても自分の実力を発揮できる時間ではありませんでした。

ところが最終戦で、ついにスターティングメンバーに起用されるというチャンスが到来したのです。しかも、相手は自分がよく知るプレーヤーが顔をそろえるニュージーランド代表。相手チームの特徴もそれなりに把握しているし、同じクラブチームで一緒にプレーした選手もたくさんいたので、緊張することもなく、とにかくワクワクしながら挑むことができました。

いざ蓋《ふた》を開けてみると、試合は日本ウィルチェアーラグビー史上で最もニュージーランドを追い詰める展開になりました。それまでの対戦では大差で負けていたのに、この最終戦に限っては強豪相手に二、三点差で拮抗する白熱の展開となりました。僕の評価は一気に上がり、自分で言うのも気が引けますが、「日本代表に三阪あり」と言われるほどの存在感を示すことに成功したのです。

特にターンオーバーで相手からボールを奪うプレーが決まり、チームがボールを運ぶ機会を増やす司令塔的な役割も果たすことができました。何より、それまでチームで課題となっていたミスを減らすことができたのも大きかったと思います。

試合後、留学時代にウィルチェアーラグビーの戦い方をイロハから教えてくれたティム・ジョンソンというニュージーランド代表の中心的プレーヤーから、「お前があのコートの中でベストだったよ」と賞賛されたことは、僕にとって大きな自信になりました。

試合には敗れたので悔しい気持ちはありましたが、僕やチームにとっては飛躍の大会となったことは間違いありません。以降、僕は日本代表のレギュラー選手に、しかもキープレーヤーとなることができたのですから。翌年にはアメリカ遠征が控えていたため、その遠征を前にして監督の塩沢さんから「誰と組みたい？」と聞かれるほど、厚い信頼を得ることにもなりました。

一試合のプレーをきっかけに、いちばんの下っ端から中心選手へ。当時まだ二二歳のチーム最年少プレーヤーだった僕は、ちょっとした天狗状態になってしまっていました。若気の至りというか、いまにして思えば恥ずかしい限りですが、周囲からはおそらく、調子に乗った生意気な若造だと思われていたことでしょう。

## 高校時代の恩師がかけてくれたひと言

代表の中軸プレーヤーに昇格したことで、僕は二〇〇四年にアテネで行われるパラリンピック出場に向けてまた一歩前進することができました。ただし、目標達成までにはまだ大きなハードルも残されていました。それは、日本代表が本大会に出場できるかどうかという根本的な問題です。

パラリンピックに出場できるのは、当時も現在と同じ八チーム。各地域の予選や世界選手権の結果によって決まる世界ランキングで出場国が決定します。当時の日本は世界ランキングでは八位だったので、普通にいえばギリギリセーフです。

ところが、開催国のギリシャが急造チームを結成して参加するという噂《うわさ》があり、そうなると日本はアテネ大会の出場をあきらめなければならないという状況でした。ただ開催国とはいえ、ランキングがついていることが条件なので、残る焦点はギリシャがパラリンピックまでにヨーロッパの大会に出場してランキングを得られるかどうか、という点に絞られていました。

もしギリシャの出場が決まれば、僕たちの二〇〇四年のプランは大きく変わってしまいます。一応はアメリカ遠征や国内合宿をして本番の準備を進めながら、チーム内では「いつになったら決まるんだろう？」という話をよくしていました。

結局、本番まであと数ヵ月というところで、ギリシャが大会に出場することを断念したことが判明しました。それで無事、パラリンピック出場権が日本に転がり込んできたのです。

「これで、パラリンピック出場や！」

アパートでひとりパソコンを開いて塩沢監督から届いたそのメールを確認したとき、僕は喜びのあまり小さなガッツポーズをしました。

そして二〇〇四年夏、塩沢監督からアテネ大会の代表メンバー一二名の決定の知らせがメールで届き、その中に自分の名前が入っているのを確認した瞬間、ようやくパラリンピック出場という目標が現実のものとなりました。

「パラリンピックに出場するから、今年の九月はアテネに行ってくるわ！」

まずは母親に電話で知らせました。母は「ここまであんたがよう頑張ったからや」と、温かく祝福してくれました。次に、高校時代にラグビー部でお世話になった佐光義昭先生に電話しました。

「先生、パラリンピックのメンバーに選ばれました！　もう僕は大丈夫です。安心してください！」

佐光先生には、僕が怪我をしてしまったことで本当に辛い思いをさせてしまったので、この知らせができたことを本当に嬉しく思いました。これで、お互いあの事故から前を向いて生きていくための区切りになったと思いました。僕がかつてニュージーランドに留学するときも、「行ってこいと言ってほしいから来たんやろ?」と、笑顔で送り出してくれたのが佐光先生でした。

だから、先生から「本当にようやってくれた。ありがとう」と言ってもらったときは、ようやくこれで大きな壁を乗り越えることができたと、肩の荷が下りたような気持ちにもなりました。

車いすで生きることになってから丸五年。ついに僕は、障害者スポーツの最高峰の舞台でプレーするチャンスを得ることができたのです。

## 届いた日本代表公式ジャケットに興奮

アテネ行きが決まってからは、慌ただしい日々が続きました。その中でいちばんの思い出になっているのが、佐光先生が有志に声をかけて、地元のホテルで開いてくれた壮行会でした。布施工高ラグビー部の同期のメンバーはもちろん、先輩や後輩、そしてそれまでお世話になった方など多くの人が、僕のパラリンピック出場を祝ってくれたことはとても感慨深いものがありましたし、いやがうえにも気持ちが高ぶります。

「本当にパラリンピックに出るんやな」

パラリンピック出場の実感が湧き、いろいろな人に「頑張れや！」と声をかけてもらい、幸せを感じると同時に、身が引き締まる思いになりました。

実感したといえば、日の丸やＪＡＰＡＮの文字が入ったパラリンピック用のジャケット、ジャージ、バッグといった選手用グッズ一式がチームに届いたときのことも忘れられません。

大きな段ボール箱に入っていたそれらのグッズを手に取り、チームメイトたちと「おー、すげぇー。これがアテネで着用するジャパンのジャケットや！」と無邪気に感動しながら、自分たちが日本選手団の一員としてアテネに臨むことの重責を改めてかみしめました。

特に僕たちウィルチェアーラグビー日本代表にとっては、初めてのパラリンピック。すべてが新鮮です。また、ラグビー専門雑誌として有名な『ラグビーマガジン』誌が僕たちのことを記事に取り上げてくれたりして、自分たちの活動に少し世間の注目が集まり始めているのを感じることもできました。

それまで何度か国際大会は経験していましたが、それと比べてもパラリンピックは日常と非日常くらいの違いがあると思います。もちろんパラリンピックがすべてではありませんが、それでもアテネに出発する前からこれまでに感じたことのない特別な重さを感じる場面が多かった気がします。

出発前の羽田空港で行われた、パラリンピック日本選手団の結団式・壮行会もそのひとつでした。

そこには全競技のパラアスリートたちが集結するのですが、初出場かつ団体競技の僕たちウィルチェアーラグビーの選手が他の競技の人と話す機会はこれまであまりなく、どちらかといえば初心者マークをつけた新入生のような感覚でした。

もっぱら花形競技の車いすバスケットや陸上の有名なスタープレーヤーたちを間近に見て感動ばかりしていましたが、当時の小泉純一郎総理大臣も激励に訪れるなど、それまで経験したことのない華やかな式だったことはよく覚えています。

その後、僕は二〇〇八年北京大会と二〇一二年ロンドン大会を経験するのですが、やはり初めてのパラリンピックだったアテネ大会当時の記憶が、いちばん鮮明に残っています。大会前のあのザワザワした感じと、未知なるパラリンピックの舞台はどんな世界なんだろうという期待に満ち溢れたワクワク感。あのとき味わった特別な気持ちと感覚は、おそらく一生忘れることはないでしょう。

こうして二〇〇四年九月一一日、いよいよ僕たちウィルチェアーラグビー日本代表チーム一二名を含めたパラリンピック日本選手団一行は、深夜発のチャーター便に搭乗し、ギリシャのアテネに向かいました。チャーター機に乗ったのは、もちろん生まれて初めてのこと。普段はチーム全員が同じ飛行機に乗って移動することさえ珍しいというのに、パラリンピックは何から何まで僕たちにはスペシャルだったのです。

## 車いすでどうやって飛行機に乗る？

車いすに乗る障害者にとって、特に海外への移動は大仕事になります。パラリンピックのときのようにチャーター便に乗る場合は別ですが、一般の飛行機での移動となると健常者とは手続きも大きく違い、予備知識がないとトラブルを招くことも稀ではありません。

まず、チケット予約の方法から異なります。通常、健常者はインターネットなどを使って自由に予約ができますが、障害者の場合は事前に車いすで搭乗したい旨を航空会社に知らせておく必要があります。一度情報を登録してしまえば次回からはスムーズになりますが、初めて予約する航空会社の場合はこの手続きは欠かせません。

しかも、通常は一便に対する車いす客の登場人数にも制限がある場合がほとんどです。航空会社側も、一度に大勢の車いす利用者が乗ってしまうとクルーの担当者だけでは手が回らず、安全面も含めて対応しきれない場合があるからです。

一般的には一便につき五、六人程度が上限とされていますが、機体や航空会社によって多少の違いはあるようです。

その他、予約時にはどんな種類の車いすで搭乗するのかも通知しておく必要があり、当然ですが、身の回りの世話がひとりでできない場合には、付添人の同乗を求められることになります。

飛行機に搭乗するときはプライオリティサービスとして、ゲートオープンと同時に優先搭乗させてもらえます。このときは、まず自分の車いすで機内に入ってから、航空会社が用意する機内専用の車いすに乗り換えます。それは機内用に作られているので、狭い通路でもスムーズに動くことができます。

飛行機を降りるときは、その逆の流れです。健常者が降りるのを待ってから、再び専用車いすを運んでもらって出口付近まで移動し、自分の車いすに乗り換えて機内から降ります。飛行中にトイレに行きたくなったときも、自力歩行ができない場合はC

Aの方に専用車いすを運んできてもらうので、基本的に機内では自分の車いすに乗ることはありません。

一方、新幹線や特急列車で移動する場合は、飛行機に比べると随分楽です。最近は車いす対応座席のある列車もありますし、トイレ付近には多目的室という広いスペースもあり、そこで快適に過ごすこともできます。もちろん在来線同様に事前に乗ることを伝えておくと駅員さんのサポートも得られるので、多目的室にいても降りる駅に近づくと呼びに来てくれたりもします。

ちなみに、チケットは身障者用の指定席券を買いますが、乗車券分は一般の半額です。これは飛行機の場合も似ていて、障害者割引というものがあるので、僕は安全を買うという意味でLCC（格安航空会社）を利用することはありません。

以前、車いすでLCCを利用した方が航空会社から搭乗を拒否されたり、タラップを危険な状況で上り下りしたりしたことが話題になったことがありました。その賛否は別として、東京パラリンピック開催を控える日本において、こういった議論が起こることはいいことだと思っています。車いすの人が飛行機や新幹線をどのように利用するのかは、身近に車いすの人がいない限り、なかなか目にすることも知る機会もないと思うからです。

ましてや二〇二〇年には、世界中からたくさんのパラアスリートをはじめとする車いすの人たちが来日し、日本国内に滞在します。そんなときに備えて、この類いの議論が世間で起こることは、いろいろなパターンのトラブルに対して企業や個人がどのように対応すればいいかを準備しておくための、いいきっかけになると思うのです。

そういう点で、僕たちも、もっといろいろなことを世間に向けて発信していく必要があるとも感じています。

## 七万人の観衆に圧倒された開会式

僕たちを乗せたアテネ行きのチャーター機は、当初直行便のはずだったのに、なぜかモスクワの空港にいったん降りて給油するというハプニングに見舞われました。その間、ずっと機内に閉じ込められたまま。スタートから大変な目に遭いましたが、なにはともあれ予定外の長時間フライトを無事終えて、目的地に到着することができました。

アテネ国際空港に着くと、まずは空港に設けられているセキュリティー対策のためのアクレディテーションセンターというところに向かいます。そこでパラリンピック施設に出入りするときに必要な、顔写真に名前が書いてあるアクレディテーションバッジ（許可証）を作ってもらい、大会中はいつもそのバッジを首から下げて行動することになります。逆に、それがないと試合会場にも選手村にも入ることはできません。

そしてバッジを首から下げたら、空港の外で待っていた専用バスに乗り込み、いよいよパトカーに先導されながら、選手村に向かいます。もちろん選手村は、少し前までオリンピックで使用されていた、テレビなどでもおなじみの施設です。

初めて選手村に入ったときは、みんな興奮しっぱなしでした。お恥ずかしい話です

アテネで日本代表メンバーらと（中央奥が著者）

が、そのときの僕たちは究極の遠足気分だったといってもいいと思います。選手村にあるマクドナルドに行ってみると、噂通りハンバーガーもポテトも食べ放題。その他、いろいろな国の料理が用意されているレストランもあって、もちろん無料で好きなだけ飲食ができます。

残念ながら、料理の味がいまひとつ口に合わなかったこともあって、滞在開始からわずか数日でレストランでの食事に飽きてしまい、途中からはほとんどマクドナルドで食事をとるようになっていました。いまでこそ大会中はプレーヤーたちも食事に気を使うようになったので、栄養のバランスを考えて毎回マクドナルドで食べるようなことはありませんが、当時はそこまで厳しい時代ではありませんでした。良くも悪くも、懐かしい話です。

そして九月一七日、ついに日の丸入りの公式ジャケットに着替えて、開会式に参加しました。開会式はイベントなどが多いので、入場行進まではかなり待たされた記憶があります。ただ、いざ入場してスタンドを見上げたときの風景は、まさに息をのむほどのものでした。日頃はあまり人目に触れないところでプレーしているパラアスリートにとって、七万人の観衆の前を行進すること自体が衝撃以外の何物でもありません。

「うわぁ、すげぇー。これがパラリンピックなんや！」

開会式で感じる高揚感と緊張感は、何度経験しても格別です。一生懸命努力して、それが認められて、ようやく経験できる憧れの舞台。頑張ればこういう特別な世界でスポーツを楽しめるんだと、僕自身のパラスポーツに対する考え方を変えてくれるきっかけにもなりました。

とはいえ、ウィルチェアーラグビーの大会初日は開会式の二日後だったこともあり、開会式当日はまだ試合に対する緊張感はそれほどなく、〝戦いの場〟に来ているような感覚も薄かったと思います。本当の意味での緊張感が生まれたのは、初戦のアメリカ戦を迎えた日のことでした。

## パラリンピックでの対戦方式

パラリンピックでのウィルチェアーラグビーは、全八チームを四チームずつ二つのグループに分け、まずは各グループで総当たりのリーグ戦を行います。各試合の勝利チームに勝ち点二ポイント、敗戦チームにも一ポイントがそれぞれ与えられ、最終勝ち点により順位を決定。タイスコアの場合は決着がつくまで延長戦があるので、試合が引き分けで終わることはありません。

そして各グループの上位二チームが準決勝に進出し、グループ一位のチーム対もうひとつのグループ二位のチームという具合にいわゆるタスキ掛けで対戦し、決勝戦と三位決定戦の対戦カードが決まります。一方、各グループ三位と四位のチームは順位決定戦に回り、こちらも三位対四位というタスキ掛けで対戦して、その試合の勝者同士、敗者同士が最終日に戦って五位から八位までの順位が決定します。

アテネでの日本は、アメリカ、オーストラリア、ニュージーランドという強豪がひしめくグループA。当時の世界ランキングではアメリカが一位、オーストラリアが三位、ニュージーランドが六位だったので、ランキング八位の日本は当然ながら戦う前から厳しい内容が予想されていました。

しかも僕たち日本チームは、開幕直前にチーム編成を変更せざるを得ないようなハプニングにも見舞われました。なんと直前のプレーヤーのクラス分けチェックによって、約半数のプレーヤーの持ち点が変更されてしまい、せっかくそれまでトレーニングしていたチーム編成が組めなくなるという事態に陥ってしまったのです。こうなると戦略変更をせざるを得ず、しかも初戦までの時間もないのでアドリブに近い状態で戦うことを強いられてしまいます。

実は、このような開幕直前に行われる持ち点チェックは他国チームからも不満が出たこともあり、アテネ大会を最後に廃止となりました。二〇〇八年北京大会からは、もう少し事前にクラス分けチェックが実施されるようになり、どのチームもしっかり準備したメンバーで本番に臨めるようになっています。

## 実感させられた世界との実力差

アメリカ戦は、予想通り苦しみました。まずアリーナに入ったときから、僕は平常心ではなくなっていたと思います。会場のアリーナはとても大きく、スタンドを埋める観衆もざっと二〇〇〇人くらい。いつもプレーしているスポーツセンターの体育館とは比べものにならないくらいの迫力で、その時点で雰囲気に飲まれていたことは否めません。

しかもコートサイドと壁までの距離が長く、吹き抜けのようになっているので、パスを出すときの距離感も微妙にずれるのか、普段の練習ではありえないようなイージーミスも続発しました。あの独特の緊張感と、プレーするときに感じる違和感は、慣れるまでにかなりの時間がかかった気がします。

結局、すっかり浮き足立った僕たちはアメリカに三九対五四で完敗を喫しました。後で試合運びを思い出せないほど、あっという間に負けて終わってしまったような感覚でした。

もちろんアメリカとの実力差は相当にあったので、勝つことは難しいと考えていましたし、初戦ではパラリンピックがどんな舞台なのかを味わうことに主眼を置いていたため、敗戦のショックはそれほどありませんでした。むしろ僕の中では、その場で経験したこと、またそこで感じたものがすごく多かったので、後々につながる収穫が多い試合になったと思います。

逆に、初戦の完敗で吹っ切れたのか、翌日のオーストラリア戦は大健闘。美しい戦い方ではなかったかもしれませんが、とにかくボールに対する執着心と絶対にパスをつなぐという強い意志のもと、日本は世界ランキング三位の強敵に食らいつきました。おそらくそれまで日本が強豪と戦った中で、いちばんの接戦だったと記憶します。

結局、第四ピリオドを終えたところで、スコアは四七対四七。勝負は延長戦での決着となり、残念ながら最後の最後に力尽きてしまいました。敗れはしましたが、僕を含めたチーム全体は落ち込むようなことはありませんでした。前回のパラリンピックで銀メダルだったオーストラリアに対して、ここまでの戦いができたことは、大きな自信にもつながりました。

それだけに、グループ最終戦のニュージーランド戦を落としたことには大きな悔しさが残りました。ニュージーランドとは二〇〇三年に千葉で行われたアジア・オセアニア選手権で接戦を演じていたので、僕たちとしてはうまくいけば勝てると思っていた相手でした。

でも、さすがはニュージーランド。千葉で戦ったときの問題点はしっかり修正されており、終わってみれば三五対四七の完敗。やはり相手の方が一枚も二枚も上手でした。

## 「この舞台にまた戻ってきたい」

グループA最下位になった日本は、大会四日目にグループB三位のベルギーと対戦しました。ここまでくると、「とにかくパラリンピックで初勝利がほしい」という想いと、勝てば世界ランキングを五位か六位にまで上げられるというモチベーションで、試合に臨みました。

しかし、結果は三五対三六で日本の惜敗。これで日本は七位八位決定戦に回ることになり、大会最終日はドイツと戦うことになりました。

そして迎えた最終日のドイツ戦も、四〇対四一とまたしても一点差で涙をのむことになってしまいました。これにより日本は五戦全敗で最下位が決定し、パラリンピックでの初勝利は四年後の北京大会までお預けとなりました。

結局、初めてのパラリンピックは結果だけを見れば苦い思い出になったことは間違いありません。でも実際は、当時失うものがなかった日本にとって、収穫のほうが多かったと思います。

それまでは国際大会で日本が強豪相手に接戦を演じること自体がほとんどありませんでしたし、それをパラリンピックという大舞台で、しかも直前のメンバー変更を強いられた中でやったわけなので、結果をポジティブに受け止めることができた大会だったと思います。

自身としても、いろいろなことを考えさせられた大舞台でした。

まず、僕は持ち点二のミドルポインターでしたが、世界で勝つためには二点のプレーヤーでもオフェンス能力は必要だとあらためて痛感しましたし、自分にボールが回ってきたときにもっとファイトできなければ、世界の強豪には勝てないということがわかりました。

チーム全体の戦い方としても、ただ漠然とボールを運ぶのではなく、もっと戦術的な部分を突き詰めて戦わなければ、パラリンピックでの勝利は難しいということも実感できたのです。

「練習量はもちろん、もっと個人としてもチームとしても海外に出ていく機会を増やして、日頃から世界のトップレベルを肌で感じないとレベルアップはできへん」

とにかく、危機感を持ちながらいろいろと考え、自分の中で四年後の北京までの課題をひとつひとつ整理したことを覚えています。そして、勝ち星という結果こそ得られませんでしたが、「この舞台にまた戻ってきたい、次は絶対に勝ちたい」という想いを一層強くしたのが、このアテネ大会でした。

最後のドイツ戦を終えると、すぐにメイン会場で閉会式が行われました。ニュージーランド代表の友だちとも、戦いを終えたことでようやくざっくばらんに話せるようになり、ほんのつかの間ではありましたが、敗戦を忘れてパラリンピックというお祭りを楽しむことができました。

また、閉会式のあとにはちょっとしたパーティーのような状態になった選手村で、国籍も競技も関係なくみんな一緒にその場を楽しめたことも、とてもいい思い出になりました。

「初めてのパラが、これで終わったんやなあ」

いろいろなものがぎゅう詰めになった人生初のパラリンピックを終え、しかし僕の視線の先には、もう四年後の北京しか見えていませんでした。

# 3　日本代表副キャプテンとして再び大舞台へ
## ——北京大会　二〇〇八年——

### 二三歳にして日本代表キャプテンをまかされる

アテネ大会が終わると、その年の日本代表の活動は特に予定されておらず、数ヵ月間の休養状態に入りました。

あれだけエネルギーを注いだパラリンピックが幕を閉じ、しかも全敗という屈辱を味わったので、しばらくウィルチェアーラグビーから離れてゆっくりするのが普通なのかもしれません。

もちろん僕も喪失感に襲われることはありましたが、それでも自分の中に四年後の北京大会で必ず勝利をものにしたいという新たな目標が生まれていたため、少しでも時間を無駄にしたくないという気持ちのほうが圧倒的に勝っていました。

そこで、その年の一二月に行われる日本選手権を当面のターゲットに設定し、二〇〇四年四月から正式に加入していた新潟ブルドックスというチームでのプレーに精力を注ぎました。

ブルドックスは前年の日本選手権で六位のチームで、決して強豪ではなかったものの、パラリンピックで戦ったメンバーも二人いたので、自分の活躍次第では優勝も夢ではないと信じていました。その強い気持ちが通じたのか、優勝こそ叶いませんでしたが見事に準優勝を果たせたことで、僕の中にまた新たな自信も生まれました。

ただ、いまだからこそ言えることですが、世界のトップレベルの戦いをアテネで経験した直後の大会だっただけに、スピード、フィジカル、テクニック、戦術など、あらゆる面で世界と国内とのレベル差を痛感させられた大会でもありました。

「このままでは、次のパラリンピックでも一勝もできひん。もっと競技人口を増やして、国内全体のレベルアップをしていかな、あかん」

大会後に、そんな焦りを感じことを覚えています。

そして年が明けて二〇〇五年。ようやく日本代表の活動が再開し、初めての遠征を前にした強化合宿で、まったく予期せぬ出来事が起こりました。

アテネ大会を最後に何人かが代表を引退することになったのですが、その中には僕がたくさんお世話になったキャプテンの福井正浩さんがいました。当時の福井さんは四〇歳を過ぎた大ベテランで、僕と同じ持ち点二ポイントのプレーヤー。抜群のリーダーシップでチームをまとめ、プレーのレベルもとても高く、若い僕にとっては憧れの存在で、とても尊敬していた人でした。その福井さんがチームを去ったことで、日本代表の次期キャプテンを決めなければならなくなったのです。

次回の遠征で誰がキャプテンをやるのかという話になったときのことです。僕が「福井さんのあとは誰がやるんやろうなあ?」と思いながら話を聞いていると、いくつか意見が出た末に、ある人が「いや、ひとりしかいないでしょ。なあ、三阪」と僕のほうを見ながらそう言ったのです。

「え？　いやいや、僕はいちばん年下やし……」

「たぶん年齢は関係ないよ。大事なのは、誰がいちばんやる気、情熱を持っているかでしょ」

当時僕はまだ二三歳。まさかその若さで日本代表キャプテンという大役が自分に回ってくるなんて、想像すらしたこともありませんでした。

## 情熱だけは誰にも負けない

チームメイトの大方の意見として、それは僕のウィルチェアーラグビーに対する姿勢や情熱みたいなものを高く評価してくれての結論でした。

そして「とにかくラグビーが好きだという気持ちでやってくれたらそれで十分だし、あとは周りの先輩がサポートするから大丈夫」という言葉をもらったことで、僕も少し気が楽になり、決心することができたのだと思います。

なかには「こんな若い未来のある選手に、この段階から大きな負担を与えたら将来を潰してしまうかもしれない」という気遣いにあふれた意見もありました。でも最終的には自分で決断し、「みんながそう言ってくれるのであれば、ぜひチャレンジさせてください」と気持ちを伝え、キャプテンの大役を引き受けることにしました。

当然不安はありましたが、僕にとっては周りの人が自分を評価してくれたことがとても嬉しかったというのが、そのときの正直な気持ちでした。

考えてみれば、ニュージーランドから帰国して勢いのまま日本代表に入った僕ですが、当時は口の悪い生意気な若造そのもので、到底キャプテンに相応《ふさわ》しくないタイプの人間でした。しかも実力を急激につけたこともあり、その生意気さ加減には拍車がかかっていました。

年上かどうかも関係なく、その人がミスしたら「なんでそんなんができひんねん！」と大きな声で怒鳴ってみたり、監督の選手交代が納得できないときには、「あの交代は誰が決めたんですか?」と詰問してみたり。いまでは恥ずかしくなるような態度と発言は日常茶飯事で、あの頃は本当に「いけすかないヤツ」だったことでしょう。

でも一方で、ウィルチェアーラグビーを好きという気持ち、その情熱だけは、当時から誰にも負けないという思いで取り組んでいたことは間違いありません。

幸い、当時まだ僕は学生の身分だったので、フルタイムの仕事を持つ他の人たちよりもウィルチェアーラグビーに打ち込む時間がたっぷりありました。アテネ大会の一年前くらいからは「絶対に自分がジャパンの中心になる」と意気込んでいた時期で、それこそ休みなくトレーニングをしたり、ビデオを繰り返し見て研究したり、完全にウィルチェアーラグビー中心の生活を送ることができていました。

結果的には、それが二三歳で日本代表のキャプテンに就任するという名誉につながったのかもしれません。

## 日本のレベルアップに必要なものは何か

キャプテン就任を機に、いつも自分中心だった考え方が少し変わり、以前よりも周りのことをよく見るようになって、チーム中心にものごとを考えられるようになった気がします。実際、アテネで一勝もできなかったことで、チームスポーツは個の力だけで勝てるものではなく、やはり一緒にプレーする人たち全員の成長が不可欠だと実感していた時期でもありました。

同時に、日本代表メンバー以外の国内プレーヤー、つまりは日本のウィルチェアーラグビー界全体のレベルアップがなければ、その国の代表チームも強くはならないとも感じていたので、キャプテン就任はまさにグッドタイミングだったと思います。

とはいえ、アテネ後の日本代表は、若いリーダーには荷が重いくらいの良くない状況にありました。「この選手層では世界で勝てない。代表はもっと競争の場にならないと強くなれない」という僕の中にあった考えとは裏腹に、時に日本代表メンバーが定員割れを起こしてしまうような状況だったのです。

その主な原因はお金でした。パラスポーツは何かとお金がかかるので、継続したいという意志があっても、代表の活動までは金銭的に難しいという人が結構いました。東京パラリンピック前の現在は、代表チームの強化費には比較的余裕がありますが、当時の日本ウィルチェアーラグビー連盟の予算は国内大会の開催経費などで尽きてしまい、遠征など日本代表の活動費は各プレーヤーの手弁当で賄《まかな》っていたのです。

そうなると、どうしても金銭的な理由で代表の遠征に参加できない人も出てきます。僕も裕福ではありませんでしたが、当時は職業訓練学校からもらうわずかな訓練手当と貯金を食い潰しながらプレーしていました。ウィルチェアーラグビー中心の生活をしていたのでなんとかやり繰りできましたが、家庭を持っている人にとっては限界があります。

二〇〇五年から二〇〇六年は、特にそういった沈滞ムードが代表チームに襲いかかっていた時期で、新米キャプテンにとってはかなりしんどかった思い出があります。

## 初めての就職と新チームへの参加

二〇〇六年になると、僕はそれまで暮らしていた所沢を出て、兵庫県姫路市に拠点を移すことを決めました。

理由のひとつは、このまま関東で同じメンバーでプレーしていてもレベルアップできるのは決まった人だけという状況だったため、それ以上のひろがりを期待できなかったことです。パラリンピックで勝つためには、国内のもっと広いエリアでウィルチェアーラグビーを知ってもらい、競技人口を増やしていく必要があると考えていたちょうどその矢先のこと、大阪にいた仲間から姫路で新しいチームを作るという話を聞き、僕も普及活動を兼ねてその新チーム結成の先頭に立つことを決心したのです。

もうひとつの理由は、関西のチームメイトの紹介でよい働き口を見つけることができたからでした。それまでの僕は、所沢の職業訓練学校に通いながらウィルチェアーラグビーをする学生の身分でした。この年にその学校を卒業することになり、僕の人生における初めての就職が待っていました。

業務内容は、主にＷＥＢサイトの管理やホームページ作成といったＩＴ系の仕事ですが、何といっても最大の魅力だったのは、スポーツをするための時間を優先的に使えるように会社側が勤務時間を配慮してくれるという条件でした。給料はそれほど高くはありませんでしたが、贅沢は言えません。当時の僕には最適な就職口だったと思います。

もちろん、働き始めてすぐに会社の戦力となれるほど、当時の僕にはパソコンやインターネットの知識やスキルはありませんでした。でも、周りの人から教えてもらいながらなんとかそれを身につけることができたので、仕事上で大きなトラブルに見舞われるようなこともありませんでした。

## 障害者の就職先を広げてくれたＩＴ革命

僕が車いす生活を始めた頃は、多くの障害者は公務員や事務系の仕事に就くのが一般的な就職コースでした。ところが、時代が移り変わってパソコンが普及するようになり、さらに一般企業に障害者雇用という概念が浸透したこともあって、以前に比べて障害者の仕事の選択肢は随分と広がったと思います。

僕が国立リハセンターの職業訓練学校に通っていた時代は、システムエンジニア系、ＣＡＤ（キャド。コンピュータ支援設計）を使ったインテリアデザイン系、ワードやエクセルを使った事務系と、障害者向けの職種は主にこの三コースでした。

しかし、次第に障害者の世界の中でもＩＴブームが起こると、パソコンのスキルを身につけることで多種多様な業界で働けるという道筋が見えるようになりました。当時世間で注目されていたＩＴ革命は、僕たち障害者にとっても人生の選択肢を限りなく広げてくれる大革命だったのです。

とにかく、二四歳にしてようやく社会人の仲間入りを果たした僕は、平日は午前一〇時から午後六時までを勤務時間としながら、早めにトレーニングしたいときは午後四時頃に退社させてもらって体育館に直行するという、ウィルチェアーラグビー中心の生活を再開することができました。

しかも、姫路は大阪の実家から車で二時間半程度の距離。週末は実家に帰ることもできたため、両親もようやく僕が身近な場所に住んでくれたと、安心した様子でした。それも含めると、〝一石三鳥〟の就職だったといえるかもしれません。

ただ、その会社の経営者の方と折り合いがつかなかった点があり、その生活は一年半ほどで終わってしまいましたが、僕にとっては新しいことにチャレンジできた刺激的な時期でした。特に自分自身のレベルアップを図るだけでなく、ウィルチェアーラグビーをもっと強くするために自分に何ができるかを考え、この競技をよりたくさんの人が、より多くの場所でプレーできるような環境作りにも尽力できました。

その分、初心者に教えたりする機会が増えたため、強いチームでプレーする機会やハイレベルな実戦が減ったことは確かです。代表合宿などに行くと、僕のプレー環境を知っている仲間から「日本代表のキャプテンが、そんなことで大丈夫なのか？」と心配されたこともありました。

でも、僕としてはたまに関東のオープン戦に参加したり代表合宿でプレーしたりして、なんとか個人の努力でその不足分をカバーしていくからと伝え、理解してもらうしかありません。代表チームを引っ張っていくキャプテンという立場なのに、かなり身勝手な行動であることはわかっていましたが、それも長い目で見れば北京でのパラリンピックで勝ちたいがゆえのこと。自分の意思を貫かせてもらいました。

## 世界選手権での快進撃

そんな中で迎えたのが、二〇〇六年九月にクライストチャーチ（ニュージーランド）で開催された世界選手権でした。僕がキャプテンとして臨む、初めての世界大会です。

この大会での日本の目標は、七位以内に入ることでした。そうすれば、ほぼ確実に北京パラリンピックの出場権を手中に収めることができるからです。仮にもしそれ以下の結果に終わってしまうと、地域予選に相当する翌年のアジア・オセアニア選手権で、強豪国のニュージーランドかオーストラリアに勝利してランキングを上げるしか方法がなくなってしまいます。当時の日本代表にとって、それはかなり高いハードルでした。

全一二チームが参加する世界選手権における当面の課題は、ベルギーかドイツに勝ってランキングを上げること。彼らとの勝負に勝てるかどうかが、最大の焦点でした。そしていざ大会が幕を開けると、日本は驚くべき快進撃を見せることができました。大会の最終成績はまさかの五位。僕も絶好調をキープすることができ、自分のキャリアの中でもハイライトのひとつといえる、すばらしい大会になりました。

この快進撃のきっかけになったのは、グループリーグのドイツ戦です。これまで一度も勝てなかったドイツを相手に初めて勝利したことで、僕たちは確かな自信をつけることができました。

そしてグループを三位で通過した日本は五位・八位決定戦に回り、まずベルギーと対戦。その試合に勝てば六位以上が決定し、北京行きの切符を獲得できるという大一番です。ベルギーには大会前の練習試合で勝っていたので、チーム全体の士気も自《おの》ずと高まりました。こうして最高の状態で迎えたその試合を見事に勝ちきることに成功し、その時点でパラリンピック出場をほぼ現実的なものとしました。

でも僕たちの勢いはそこで止まりませんでした。なんと次の五位・六位決定戦では、史上初めてオーストラリアに勝利を収めるというジャイアントキリング（番狂わせ）をやってのけたのです。キャプテンとして初めて臨んだ世界選手権で、まさかこれほどの成功を手にできるとは、自分ですら夢にも思っていませんでした。

## 結果をもたらした「大きな賭け」

実は、僕はこの大会に先駆け、一ヵ月ほど前からクライストチャーチに先乗りして武者修行に励んでいたのです。後になって考えるとそれが、僕が大会を通してベストパフォーマンスを見せることができた最大の要因でした。ただそのような挙におよんだことは、新キャプテンの僕にとってはチーム内での信頼を失うかもしれない、大きな賭けでもありました。

当然のように、監督はキャプテンの僕が大事な大会の前にチームを離れることに反対しました。でも、その反対を押し切ってまでクライストチャーチに先乗りした理由は、当時の僕の中に姫路でのプレー環境や、トレーニングの頻度や強度に強い不安があったからです。

もう一度国際レベルの試合勘をしっかり取り戻してから世界選手権に臨みたいという気持ちと、キャプテンとして自分のプレーでチームを引っ張っていきたいという強い気持ちが、当時の僕を動かしたのだと思います。

結果的に、その賭けは当たりました。クライストチャーチでの一ヵ月間、僕は現地のクラブチームに加わって激しいトレーニングとハイレベルな試合を繰り返し、久しぶりに世界のトッププレベルを肌で感じながらプレーすることができました。それが奏功し、日本代表チームに合流してベルギーと練習試合をしたときには、「やっぱり海外でプレーしていたから、三阪だけは当たり慣れしているし、他の人とは全然違う」と、コーチが冗談交じりに僕のプレーを称賛するほどでした。

もちろん、もし大会でパラリンピックへの出場権を逃していたらキャプテンとしての自分の立場も悪くなり、まったく逆の結果になっていたことは間違いありません。ただ、僕はそのリスクを恐れずに自分の信じたことにトライしたことで、良い結果を手にすることができたのだと思います。

最後には監督からも「本当にすばらしい決断だった」と言ってもらうことができ、チーム内でもキャプテンとしての信頼をみんなからより得られるようになったのです。僕にとっては、プレーヤーとしてもキャプテンとしても、ターニングポイントになった大会でした。

## 本気でメダル獲得を目指した北京パラリンピック

世界選手権が終わったあと、姫路の会社を辞めた僕は、一度大阪の実家に戻ることにしました。仕事を辞めたかったというより、もう一度環境を変えてウィルチェアーラグビーに集中したいという気持ちが強くなったのです。

ちょうど大阪で新チームを結成しようという話が出ていて、それが僕の気持ちを後押ししてくれました。しかもチームメイトの紹介で神戸にあるアパレル企業に転職することも決まり、実家から神戸まで車通勤しながら、新しく作った大阪ヒートというチームでプレーするという新しい生活がスタートしました。

一方、世界選手権で自信をつけた日本代表は、二〇〇七年から海外の強豪チームと対戦して接戦を演じることも珍しくなくなり、世界トップクラスのチームへと急成長を遂げていました。チーム内にはアメリカで経験を積むプレーヤーも現れ、個々のレベルも上がっていた時期だったと思います。

「このままの調子で成長すれば、北京でメダルを獲ることも不可能やない……」

翌年に控えた北京パラリンピックに向けて、僕の中にはそんな淡い期待が芽生え始めていました。

また、僕のチーム内における立場も少し変化しました。プレーヤーとしては相変わらず中心的でしたが、当時プレーイングコーチをしていた萩野晃一さんがプレーヤーに専念することになり、彼がキャプテンに戻って、僕は副キャプテンとしてチームを引っ張ることになったのです。

自分自身の調子は絶好調で結果も出していたのに、キャプテンから副キャプテンに降格させられたことに多少の不満はありましたが、プレーヤーとしてフォームを崩すようなことはありませんでした。

特に北京大会の前にシドニーで開催された二〇〇八年のオープン大会では、イギリスに勝利するなどチームも上げ潮状態で、僕個人としても二ポイントクラスの大会ベストプレーヤー賞を受賞しました。あとは本番でしっかり実力を発揮するだけというのが、このときのチーム状況でした。

また、パラリンピックの舞台を知ることが目的のひとつだった四年前のアテネ大会のときとは違い、チーム内には本気で勝ちに行こうという高い意識がみなぎっていました。

そして二〇〇七年の暮れが押し迫った頃、いよいよ北京大会の組み合わせが正式に決定しました。日本は、アメリカ、カナダ、開催国の中国と同じグループAに組み込まれました。初出場の中国は別として、日本にとってはアテネ大会よりも厳しい組み合わせだったと思います。

その中で、僕たちが最重要ポイントと考えたのは初戦のカナダ戦でした。それまでカナダとは接戦を何度も演じていたので、もし最初にカナダを叩くことができれば、一気にメダルが視野に入ってくると考えたのです。

しかも、僕を含めて四年前のパラリンピックを経験しているプレーヤーも多くいたので、北京パラリンピックは八年越しのチーム強化の総仕上げのような位置づけとなっていました。そういう点で、北京大会ではアテネ大会とはまったく違った緊張感とプレッシャーがあったと思います。

## 観戦にきてくれた母の前で流した涙

北京は日本からも近いので、応援してくれる方もたくさん現地に来てくれました。

その中には、僕の母もいました。

実は、僕がウィルチェアーラグビーをすることについて、母は当初から賛成ではありませんでした。母としては、車いす同士が激しくぶつかり合うスポーツを僕がしているのを、どうしても怖くて見られなかったようです。

僕としては、次のパラリンピックに出られるかどうかわからないうえ、四時間程度のフライトですむ北京で開催されるこのタイミングで自分の晴れ姿を見てもらうしかないと考え、「頑張って見にきてほしい」と何度も説得を試みました。結局、僕の説得では首を縦に振らなかった母でしたが、大阪ヒートのスタッフから「一緒に行きましょう」と誘ってもらい、ようやく重い腰を上げてくれました。

こうして舞台は整い、二〇〇八年九月一二日、初戦のカナダ戦を迎えました。日本の出だしはそれほど悪くはありませんでした。第一ピリオドを一二対一二のタイスコアで終えると、第二ピリオドこそ三点差をつけられましたが、第三ピリオドは再びタイスコアに。三点差なら十分に逆転できる範囲で、勝負の行方はいよいよ最終の第四ピリオドとなりました。

ところが、その三点の差を早く縮めなければと焦ってしまったことで、ミスが頻発してしまったのです。もともとカナダはボールキープに長けたチームだったこともあり、相手からすれば思う壺《つぼ》だったのかもしれません。最後は八点差まで広げられてしまい、僕たちは大事な初戦を落とすことになってしまいました。

このカナダ戦に重きを置いて準備をしてきた日本代表にとって、敗戦のショックは小さくありませんでした。正直にいえば、自分は北京で勝つためだけにこの四年間を過ごしてきたこともあり、立ち直れないほどの大きな敗北感に打ちのめされていたというのが、カナダ戦後の偽らざる心境でした。

試合後、僕はスタンドで応援してくれた母のもとへ向かいました。そして母の顔を見たとき、自然と涙があふれでてきました。その涙の中にカナダに負けた悔しさがどれほど含まれていたかはわかりませんが、ようやく母にウィルチェアーラグビーをしている姿を見せることができた、ずっと連れてきたかったところにやっと連れてこられた、という長年自分の中にあった想いを叶えることができたので、その幸せや達成感が僕を号泣させたのだと思います。

少なくとも、障害を負ってからも僕にはこれだけ夢中になれるものがあるんだということを実際に母に見てもらえたことは、僕の人生の中でとても大きな出来事でした。僕が一生懸命になって戦っている姿を見て、母も少し考え方を変えるきっかけになってほしいと願っていました。息子が障害を負いながらも充実して生きているということを母がこの大会を通じて理解してくれたことで、母の「障害受容」もひとつの完結を迎えることができたのではないかと思っています。

## 観客も驚いた丸刈り頭集団の登場

カナダ戦のショックもつかの間、もう翌日には強豪アメリカとの一戦が待っていました。ウィルチェアーラグビーは試合と試合の間に休養日がないので、パラリンピックでは気持ちの切り替えがキーポイントになります。

僕たちは初戦を落としてしまったことで、当然ショックを抱えたまま金メダル候補のアメリカと対戦したのですが、いざ蓋を開けてみると、試合は意外にも接戦になりました。

残念ながら、最終的には七点差で敗戦することになりましたが、第三ピリオドまでは四点差しか開いていなかったので、完敗したイメージはありません。むしろ、アテネ大会で一五点差だったことを考えると、この四年間でどれほど日本がレベルアップしたかを証明することができた試合だったと思います。もし対戦の順番が逆で、初戦アメリカ、二戦目カナダという流れだったら……。たらればの話ですが、そういう部分でも北京大会の日本にはツキがなかったのかもしれません。

結局、グループ最終戦の中国との試合に勝利した日本は、グループ三位となって五位・八位決定戦でドイツと対戦することになりました。メダルを逃した僕たちでしたが、そこからは少しでもランキングを上げたいというモチベーションで試合に臨むことになります。

ところが、ドイツ戦の当日朝にチーム内でちょっとしたトラブルが起こった影響もあり、一点差でドイツに惜敗してしまったのです。チームは、ガタガタと音をたてて崩れていくような、最悪の雰囲気になっていました。

するとその日の夜、トラブルに対する反省の意味を込めてひとりの選手がバリカンで頭を丸めると言いだし、その流れから僕を含めた数人が丸刈り頭になりました。翌日の七位・八位決定戦で、僕たちがアリーナに登場した直後の日本チーム応援側スタンドのざわめきは、いまでも覚えています。観客の中には、丸刈り頭になった日本チームの選手を見て「ドイツに負けた反省で頭を丸めた」と思っていた人もいるかもしれませんが、実は別の〝事情〟で丸刈り頭集団になっていたのです。

それによってチーム内のモヤモヤしたものが全部消えたかどうかはわかりませんが、とにかく僕たちは最後の中国戦でしっかり勝利を収め、北京大会を七位でフィニッシュすることになりました。

## パラリンピックで勝つことの難しさ

最後の中国戦の試合終了の笛が鳴ったあと、僕はしばらくコートから離れることができませんでした。また涙があふれ出てきて、男泣きに泣いてしまったのです。

二七歳という年齢的な事情も含め、北京パラリンピックは自分にとってキャリアのピークでした。そこで並みいる強豪を打ち負かして、初めてのメダルに手が届くのではないかと意気込んでいたこともあり、その喪失感たるや、それまでのキャリアで感じたことのないほどの大きなものでした。

次のロンドン大会の頃には自分は三〇歳を過ぎており、このままのコンディションを維持しながら出場できる自信もなかったので、北京大会は最後のパラリンピックのつもりで挑んでいました。

最高の準備をして自信をつけていたはずなのに、それでも中国にしか勝てなかったという現実を目の当たりにして、改めて僕はパラリンピックで勝つことの難しさを思い知らされました。また、振り返ると僕自身の調子も五月のオープン大会がピークになってしまい、北京では絶好調とはいえませんでした。それも反省点のひとつです。

そして何より、パラリンピックのように大きなプレッシャーがかかる大会では、初戦で勝つことがどれだけ重要なのかを再認識することになりました。僕はサッカーも大好きでよく見るのですが、サッカーの日本代表でもワールドカップの初戦を落としてしまうと良い結果を得られていません。

北京大会でのウィルチェアーラグビー日本代表も、初戦が肝心であることを十分にわかったうえで臨んだはずなのに、それでもまだ僕たちの認識は甘かったと言わざるを得ません。

とにかく、自分のキャリアのピークで結果を残せなかったという失望感は相当なものので、前向きな気持ちで次のパラリンピックを目指そうなどとまったく思えなかったというのが、このときの正直な心境です。

「自分にとってのパラリンピックは、これで終わってしまうかもしれん……」

日本が急激に強くなっていることをパラリンピックで証明できたという事実とは裏腹に、僕たちは深い失意のまま、帰国の途につくことになったのです。

# 4　涙で終わった現役最後のパラリンピック
## ――ロンドン大会　二〇一二年――

### 再びキャプテンとして

北京で味わったあの失望感から立ち直ることは、簡単なことではありませんでした。それまでの四年間、いえ、もっといえばパラリンピックを本格的に目指すようになってからの僕は、とにかくウィルチェアーラグビー中心の生活を送り、一分たりとも無駄にはできないという気持ちで走り続けてきました。

それだけに、北京パラリンピックのあと、僕自身が燃え尽き症候群のような状態になってしまったのも仕方のないことだったと思います。

ただ、僕の中でひとつだけ救いになったのは、それまで以上に自分がリーダーシップをとっていかなければいけないと考えるようになれたことでした。

アテネ大会以降の四年間、僕はウィルチェアーラグビー界全体を盛り上げていくために自分に何ができるかを考え、最終的に出た結論として、プレーヤー人口を少しでも増やすことにもエネルギーを注ぎ、関西で新しいチームを作ったりもしました。でも、北京大会を経験したあとに湧き上がってきたのは、代表も含めてもっと自分がウィルチェアーラグビー界の中心となっていかなければならないという、確信に近い強い想いでした。

当時の僕は二七歳。二〇一二年ロンドン大会の頃には三一歳になっているので、さすがに代表でもバリバリの中心プレーヤーというわけにはいかないかもしれないけれど、少なくとも二〇代最後に迎える二〇一〇年の世界選手権まではキャリアのピークを維持できると考え、当面はそこを目標にリーダーシップを持ってやっていこうと決意したのです。

やはり、自分ではかつて予算が厳しく代表の活動が大変だった時期も経験してきたし、簡単に代表を諦めることはできなかったのだと思います。それは、日本でウィルチェアーラグビーというスポーツを継続させていくために自分に何ができるのかを、もう一度よく考えたうえでの結論でした。

二〇〇九年、僕はもう一度日本代表キャプテンに就任しました。ヘッドコーチも塩沢さんから岩渕典仁さんにバトンタッチされました。岩渕さんはレフェリー出身の人だったので、どちらかといえばチーム全体をマネジメントするようなスタイルでヘッドコーチの任務を遂行していました。その分、トレーニングや試合などプレー面についてはキャプテンである僕が中心となって、プレーヤー同士でカバーし合うようなかたちで日本代表の強化を進めました。そういった環境も、僕をいろいろな面で成長させてくれたと思います。

## 骨折を隠しての出場

北京大会を機に数人が引退することになったので、代表チームはいくらかのメンバーの入れ替えがありましたが、その年は最初のターゲットにしていた九月のアジア・オセアニア選手権に向けた準備を順調に進めていました。

しかしその矢先、大会まであと一ヵ月という大事なときに、キャプテンの僕が突然のアクシデントに見舞われてしまいます。

ある日の試合中、僕が親指で車いすのタイヤを押さえてブレーキをかけているとき、相手プレーヤーが後方から僕に激しいタックルをかけてきました。そのとき、自分の親指を相手の車いすと自分の車いすの間に挟んでしまったのです。ものすごい痛みにあえぎながら、さすがの僕も病院へ直行しました。

診察結果は、親指付け根部分の骨折でした。それは、チェアワーク（車いすをこぐ動き）、あるいはパスキャッチなどで致命的ともいえる大怪我でした。当然ながら、診察してくれたドクターからは、目前のアジア・オセアニア選手権への出場を回避すべきだという見解を言い渡されました。

大会まで残り約一ヵ月。それまでに怪我が完治しないという現実を前に、それでも僕は悩み続けました。日本代表キャプテンを任されている中で、怪我のために大会に参加できないという選択はどうしてもとりたくなかったからです。そして、どうすればチームに悪影響を与えないで済むかを考えた末に、自分が下した結論は親指の骨折のことをみんなに黙っておくというものでした。

普段は親指に添え木を当てて生活し、プレーするときは入念にテーピングをしつつ、ウレタン製のパッドを指に添えてからグローブをつけるのです。もちろん速いボールをキャッチするときは激痛が走りますが、休憩時に氷につけて冷やしたりして、なんとか我慢しながらプレーし続けました。おそらく僕がどこか怪我をしていることは周囲にバレていたと思いますが、自分から骨折しているとは口が裂けても言いませんでした。

ただし、チームにはひとりだけ、僕が抱えていた怪我のことを知っている人物がいました。その年から日本代表のトレーナーを務めていた本田梢さんです。

実は骨折だとわかったあと、代表トレーナーの彼女にだけは本当のことを話していました。これから話すことは絶対に内緒にしておいてほしいと口止めをしたうえで、「親指の付け根を骨折しているんやけど、キャプテンとしてアジア・オセアニア選手権に怪我で欠場することはできひんから、大会が終わるまでできる限りのサポートをしてほしい」と、お願いしていたのです。

代表トレーナーになって間もない時期に、いきなりキャプテンから深刻な相談を受け、それを周りに隠しながらフォローしていかなければならないとは、さぞかし彼女も大変だったと思います。

そんな僕たちが、その「二人だけの秘密」を馴れ初め《なそ》に、その四年後に結婚することになろうとは、まさに人間万事塞翁《さいおう》が馬。人生は、何がどう転ぶかわからないものだと感じます。

それはさておき、無事キャプテンとしてクライストチャーチで開催されたアジア・オセアニア選手権に出場こそしたものの、怪我をした親指をカバーしながらのプレーが影響し、出場時間もそれほど長くはありませんでした。

トップフォームとは程遠い出来で、自分としては何とか別のかたちでチームをフォローしなければいけないと考えながら、もやもやした感覚を抱えたプレーになってしまったことを覚えています。チームとしても、北京パラリンピックのときより少し戦力ダウンしていたこともあり、韓国には勝ちましたが、強豪のオーストラリアとニュージーランドには手痛い敗北を喫しました。

## 戦力の充実で再びメダルが視野に

アジア・オセアニア選手権が終わると、次の目標は自分の所属チームで参戦する日本選手権です。僕の怪我も時間の経過とともによくなり、大会前には万全に近いコンディションまで回復することができました。そして、この年の日本選手権で台頭してきたのが、現在日本代表のエースとして活躍している池崎大輔選手でした。池崎選手は、ウィルチェアーラグビーを始める前は車いすバスケットのプレーヤーでした。ところが進行性の障害から思うようなプレーができなくなり悩んでいたところ、ウィルチェアーラグビーに出会い、激しいぶつかり合いの魅力に惹かれて始めたそうです。

当時はまだ身体の線が細い印象でしたが、それでも体幹はとても優れており、チェアワークの能力も群を抜いていました。僕も初めて彼のプレーを見たとき、ルールと戦術さえ覚えれば間違いなく日本のエースになれる逸材だと確信しました。

実際、日本選手権のグループリーグでは僕たちのチームが勝利したのですが、三位決定戦で再び彼のチームと対戦したときは、三度の延長戦の末に僕たちが敗れてしまいました。彼のずば抜けたプレーはすぐに高い評価を集め、さっそく翌年には代表メンバー入り。特に彼のウィルチェアーラグビーを学ぼうという姿勢とその吸収力には驚かされたものです。

僕自身も、その日本選手権でベストプレーヤーを受賞するなど再び日本代表の中心として活躍できる状態に復活していたので、当時エースだった島川慎一選手に池崎選手が加われば、二〇一〇年の世界選手権でメダルを獲得することも決して不可能ではないと考えるようになっていました。

## オーストラリア・リーグでの武者修行

僕のところに、オーストラリアでプレーしないかという話が突然舞い込んできたのは、ちょうどそんな時期のことでした。

年が明けての二〇一〇年。

僕は、迷わずオーストラリアのリーグ戦に参加することを決断しました。ナショナルウィルチェアーラグビーリーグ（NWRL）と呼ばれるそのリーグは、州単位で構成された四チームが優勝を競い合う世界トップレベルのリーグ戦で、僕はオーストラリア南部の都市アデレードにあるサウスオーストラリア・シャークスというチームに所属することになりました。オーストラリアへの渡航費こそ自己負担でしたが、それ以外の国内移動も含めた諸経費は全部チームが負担してくれることになり、給料制ではないけれど遠征ごとに報酬も出るという好条件でした。

僕がその頃に勤めていたアパレル会社に自分の意向を伝えると、会社側も理解を示してくれました。ただ、当時はリーマンショック後ということもあり僕の給料もカットされたりした時期だったので、遠征するときは欠勤扱いという条件になりました。それでも僕は喜んで世界トップレベルの舞台でプレーすることを選択しました。

そして、会社に所属しながら試合があるごとにオーストラリアに遠征し、一週間、三週間、ときには一ヵ月単位でサウスオーストラリア・シャークスでのプレーに専念するという生活がスタートしました。

サッカーの世界では、かつての中田英寿さんを筆頭に、多くの日本人プレーヤーが海外で活躍しています。僕自身、同じプレーヤーとして彼らの活躍に憧れを抱いていたこともあり、オーストラリア行きの話に迷わず飛びついた、というのが本当のところです。

でも、実際に本場のリーグ戦でプレーしたことは、自分のキャリアにとってとてもいい経験になりました。リーグには世界トップレベルのプレーヤーがゴロゴロいたし、パラリンピックの銀メダリストとも頻繁に対戦することができ、プレー環境としては最高レベルのものでした。

親指の骨折によってアジア・オセアニア選手権で不甲斐ない思いをしたこと、またそれまでの九年間に悔しい思いをし続けていたことなどから、新天地でいろいろなものを取り戻そうと必死になって、ウィルチェアーラグビーに取り組むことができました。

ただ、そのときに必死になりすぎたことが、後々自分の身体に起こった〝異変〟の引き金になってしまったのかもしれません……。

## 初の世界選手権銅メダルの陰で進行していた「腕の異変」

その年の八月、僕が二回目のオーストラリア遠征をしていたある朝のことでした。目を覚ましていつものように身支度をしている最中に何かをとろうとしたところ、なぜか手に力が入らなくてつかめないのです。

「あれ？　力が入らへん。何やろ？」

正直、そのときから嫌な予感はしていました。でも、まだオーストラリアのリーグ戦は続いていたので、とりあえず様子を見ながらプレーを続けることにしました。ところが時間が経つにつれ、残っていた握力がどんどん失われていくような感覚を覚えるようになったのです。不安になった僕は、ひとまず本田トレーナーではなく、別のトレーナーに連絡して「帰国したら診てほしい」と伝えました。本田トレーナーとはすでに付き合い始めていたので、彼女には心配をかけたくないという思いがあったからです。

帰国後に診てもらったのですが、結局、原因は不明でした。トレーナーからは、おそらく疲労や手の酷使が原因だろうと言われましたが、その年にはカナダで開催される大事な世界選手権も控えていたため、そこまではなんとかごまかしながらプレーを続けて、大会が終わってから休養をとることにしました。無理をしてはいけないということは十分理解していましたが、北京パラリンピックのあとに次の目標として考えていた世界選手権だけは、どうしても出場したかったのです。

とはいえ、その頃の僕は精一杯の力でボールを投げても、以前と比べてパスレンジ（ボールの飛距離）が短くなっていました。チームの何人かには「何かおかしい」と気づかれていたと思います。実際、そのようなことをチームメイトに言われたこともありました。やがて、パフォーマンスの低下がさらに顕著になり、またしても体の不安を抱えながら大事な大会に臨むことになってしまいました。

僕自身はそんな状況でしたが、カナダでの世界選手権では、日本が初めて銅メダルを獲得するという偉業を成し遂げることができました。

池崎選手が加わった当時のチームは格段に強くなっていて、ヨーロッパのチームとの試合でも接戦をものにできるようになり、それまで一度も勝てなかったニュージーランドに初白星を挙げることができました。準決勝のオーストラリア戦には敗れたものの、スウェーデンとの三位決定戦を五三対四七というスコアで完勝して、ついに念願だった世界三位の座に上り詰めることができたのです。

残念ながら、僕自身のプレータイムは半分程度に減っていましたが、それでも世界三位の偉業にチームの一員として貢献できたことに歓喜しましたし、それまで知ることができなかった勝利の味を経験できたことは、自分のキャリアを振り返っても特筆すべき重要な出来事となりました。

また、これを機に次のパラリンピックでのメダル獲得圏内にある種目としてウィルチェアーラグビーが高く評価されるようになり、ＪＰＣ（日本パラリンピック委員会）から支給される強化費は急上昇しました。代表チームの強化活動も、その強化費のおかげで自己負担分がかなり軽減されるようになりました。

一時は定員割れをすることもあった弱小競技団体の代表チームが、ここまでの環境をつかみとることができようとは。実に感慨深いものがありました。

## 極度のスランプと選手生命の危機

そんな喜びもつかの間、帰国した僕は再び体の不安と向き合うことになりました。無事に世界選手権を乗り切ることはできたものの、それ以降も時間が経つにつれ、どんどん握力が低下していったのです。

自分でも調べてみたところ、このような症状を引き起こす病気として脊髄空洞症というものがあることがわかりました。これは体液が溜まって脊髄を圧迫してしまうもので、それが原因となって神経症状を引き起こす病気です。手足のしびれや脱力、痛みの感覚がなくなるなどの症状が進行していくことになり、現代医学でも根治することはできません。

僕は首に障害を持っているので、もしかしたら手術痕から神経を圧迫してしまって

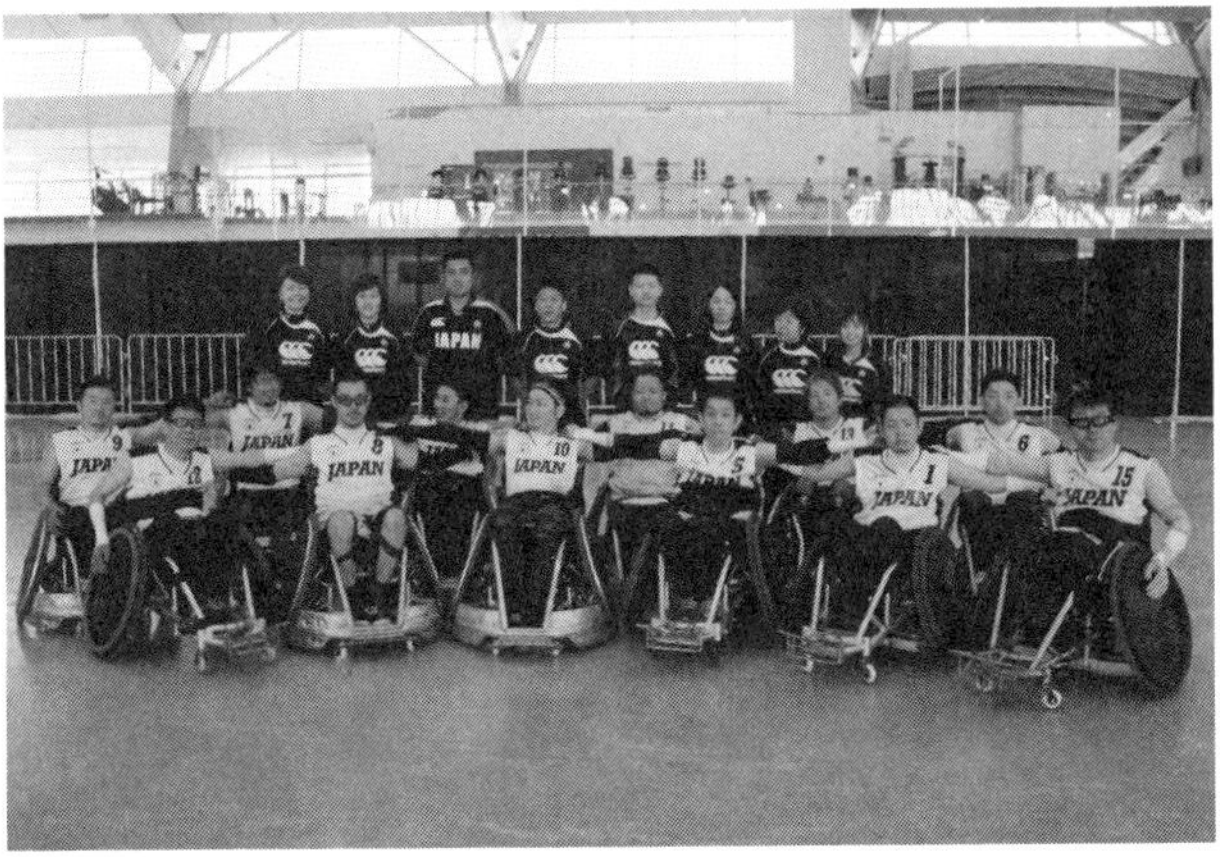


国際大会（カナダカップ2012）に出場した日本代表（著者は前列左から2番目）

いるのかもしれないと考えたりして、とにかく手を専門にする外科をはじめ、肘や肩などあらゆる箇所の専門医を回って診断を受けてみました。ところが、どこの病院に行っても明確な原因が見つからず、結局は手の酷使が原因と考えられるので、しばらく休んだほうがいいという結論で落ち着いてしまうのです。

答えが見つからないまま痛みと不安を抱えるというのは、アスリートにとって地獄のような日々です。練習を休むことに対する恐怖心も当然あり、とにかく自分でもどうしていいのかわからないまま、二〇一〇年が終わっていったような気がします。

そしてその頃から、二年後のパラリンピックどころか、自分はもう代表に選ばれないかもしれないという新たな不安を感じるようにもなっていました。それは、二〇〇三年に日本代表の一員になって以来、初めて襲ってきた不安と恐怖でした。

実際、二〇一一年は僕のキャリアの中でも暗黒に近い時期になりました。ちょうどその頃の代表には、僕と同じ二点クラスで優れたプレーヤーが台頭してきたこともあり、僕のプレータイムは激減します。ベンチからコートを眺めている時間が圧倒的に長くなると、たまに出場しても限られた時間の中で満足のいくプレーはできず、焦りだけが先行して完全な悪循環に陥っていきました。

スポーツの世界では、大活躍していた選手が何かをきっかけに極度のスランプに見舞われ、そこからなかなか抜け出せなくなるという話があります。やればやるほど、どんどん自信を失っていくというのは、こういうことなのかと思ったほどです。

「もう代表では試合に出られへん。今年のアジア・オセアニア選手権が終わったら、代表から身を引こう……」

手の具合が良くなる兆しがみえず、そんな状況の中で自分の代表としてのキャリアも終焉に近づいていくという現実に、当時の僕は相当にしんどい時期を過ごすことになりました。

一方、代表チームはその年のアジア・オセアニア選手権で準優勝に輝き、世界ランキングも三位にまで上昇。皮肉にも、ようやくパラリンピックでメダルを獲得することが現実的な目標となったタイミングで、僕のコンディションは急降下していったのでした。

## 「お前が貢献できるのはプレーだけじゃない」

代表を辞退するのか、呼んでもらえるなら残るのか。パラリンピックイヤーの二〇一二年は、そんな葛藤の中で迎えることになりました。

なかなか気持ちが固まらなかった僕は、付き合っていた彼女をはじめ、何人かに代表を退くことについて相談してみることにしました。

するとその中で、「お前が貢献できるのは別にプレーだけじゃない。その経験だってチームを助けることができる」と言ってくれる人がいました。おそらく、自分がチームのためにできることはプレーヤーとしてだけではないのだという考え方を受け入れられるようになったのは、それからだと思います。

でも、ロンドンパラリンピックのメンバー選考のときは、とても複雑な心境でした。当時僕は日本ウィルチェアーラグビー連盟の強化部にも所属していたので、強化部担当者として一二名を選ぶ会議に出席しなければならなかったのです。

もはやプレーヤーとして戦力になるのが厳しいことは僕自身もわかっている中で、岩渕監督は僕の目の前でどんな判断を下すのか。

自分が選考に口出しできないことはわかっていましたが、実際に目の前で「将来を考えて若手を連れていくべきだ」「いや、勝つためには三阪の経験が必要だ」などという議論が展開されると、正直、身を引き裂かれるような気持ちになりました。

そして下された結論は、「やはり経験のある選手のほうがいい」というものでした。同時に、「もし選ばれるとしてもプレーする機会が少ないことを覚悟したうえで、それでもベテランとしての役割をまっとうしてもらえるか？」という条件めいたものを提示されました。つまり、出番はないかもしれないが、チームの精神的な重しとして若手を鼓舞してほしい、という意味だと思いました。

この要請に対して僕は、「覚悟もあるし、自分にできる役割をやるつもりです」という返事をして、最終的にはロンドン大会のメンバー一二人に名を連ねることが決定しました。それは、過去二大会のときとはまったく異なる状況でのメンバー発表でした。

ただこれを機に、自分の中にあった葛藤は少しずつ薄れていったような気がします。それまでは、自分がひと言「退きます」と言えばメンバー選びをする人も悩まなくて済むだろうし、先のことを考えれば若手を連れていったほうがいいと考えることが頻繁にありました。

でも、限られた人しか行けないパラリンピックに行けるチャンスがあるのならやっぱり僕もロンドンに行きたいし、コートの中で戦力になれなくてもコートの外でチームの役に立つことはできるはずだ、という気持ちに少しずつシフトチェンジすることができたのです。

二〇一〇年ワールドカップのときに、サッカー日本代表の川口能活選手や中村俊輔選手がピッチ外でやっていたベテランの役割がクローズアップされたこともよく知っていたので、僕の中でも同じようなイメージと覚悟ができていたと思います。

コートの中で直接戦力になれなくても、試合を前にした準備段階からチームに好影響を与えられるようなベテランの存在。それは経験がなくてはできないことだし、パラリンピックのような大舞台では必要とされるときがあるはずだと、時間はかかりましたが、そう割り切って考えられるようになれました。

## 選手村で味わった「プレーできない」という苦悩

世界ランキング四位として臨んだロンドンパラリンピックでは、日本はフランス、アメリカ、開催国イギリスと同じグループAで戦うことになりました。目指すは銅メダル以上。四年前の北京大会以上に、その目標は現実的でした。

レギュラーメンバーではなく、あくまでも一二分の一としてメンバー入りした僕は、自分が果たすべき役割もわかっていました。

初めてパラリンピックを経験するプレーヤーには、パラリンピック独特の雰囲気をはじめ、観衆のノイズやコート環境など自分が経験してきたあらゆる情報を事前に伝え、対戦相手のウイークポイントやその対策など自分が知り得る細かな情報も、ポイントトポイントでプレーヤーやコーチングスタッフに伝えるなどして、少しでもチームの勝利に貢献したいと考えて行動しました。幸いチームメイトも僕の話を聞いてくれて、そういう部分では自分なりにやれることはできたと思っています。

選手村の食堂でくつろぐ著者。
パラ・パワーリフティングの三浦浩選手（右）と

　ただ正直に言えば、自分もプレーしたいという気持ちを完全に消し去ることはできませんでした。特に選手村に入ってから初戦までの数日間は、再び葛藤の中で苦しむようになっている自分がいて、早く終わってほしいとすら思ってしまうのです。夜ベッドに入ってもストレスでなかなか眠れず、こんなに苦しい思いをするならメンバーに入らなければよかったという後悔の念に苛《さいな》まれもしました。

　でも、「それを少しでも周りに見せたら絶対にあかん」という気持ちを最後の砦に、朝が来たら「さあ、みんな頑張ろや！」とポジティブな自分を演じ、ネガティブな気持ちは心の奥底に押し隠しました。果たして自分がどこまでチームに貢献できたのかはわかりませんが、とにかく日本は悲願のメダル獲得に向かって順調なスタートを切ることができました。

まず大事な初戦となったフランス戦を六五対五六で勝利した僕たちは、次のアメリカ戦こそ落としましたが、最大の山場と予想していた開催国イギリスとの試合では完全アウェイの中、五一対三九で勝利を収めました。

これによりグループAを二位で終えた日本は、準決勝でオーストラリアと対戦することになりました。当時の代表は池崎選手を中心に急激に力をつけており、アメリカで武者修行をするプレーヤーも出てくるなど各クラスに世界で戦える戦力が揃っていたので、そこまでの流れは当初から描いていたイメージ通りでした。

ところがベスト四が激突するメダルラウンドに入ると、もうひとつの準決勝でアメリカがカナダに敗れるというハプニングが起こりました。ある意味、日本が準決勝のオーストラリア戦を落としたことは、その実力差からすれば仕方のないことでした。ただ、銅メダルを争う三位決定戦の相手がカナダではなく、優勝候補と目されていたアメリカになってしまったことが日本にとって誤算でした。

とはいえ、もしアメリカがカナダ戦の敗戦のショックを抱えたまま三位決定戦を迎えてくれれば、僕たちに銅メダルのチャンスがないわけではありません。僕は試合当日のアメリカの様子を注視していたのですが、試合が始まった時点でその淡い望みは絶たれました。

アメリカはショックを受けるどころか、前日からすっかり気持ちを切り替えており、それこそ総力をあげて全員が銅メダルを獲得しようとする意気込みにあふれていました。開始から日本を圧倒し続ける展開となり、日本も第一、第二ピリオドまでは何とか食らいつくことはできていたのですが、ついに第三ピリオドで息切れがみえるようになりました。

「なんて残酷な終わり方なんやろう……」

第四ピリオドを迎えると、それまで心の奥底にしまい込んでいたいろいろな感情が再び目を覚まし始め、試合終了に近づく頃には自然と涙があふれでていました。

もうアメリカに勝つ可能性が薄れてしまったこと、銅メダルを目の前にしながら夢が叶わなかったこと、やっぱりメダル獲得は簡単ではないということ。そんな敗北感や悔しさもありましたが、それ以上に、これで本当に自分のパラリンピックが終わってしまった、しかもこんな中途半端な終わり方になってしまったことが、明らかにそのときの僕を苦しめました。

「なんて残酷な終わり方なんやろう……」

自分の中では、サッカーの中田英寿さんのようなピッチで死力を尽くした引き際を理想としていたのに、メンバー一二人の中で自分だけが一度もプレーできないまま、自分にとって最後のパラリンピックが終わってしまおうとは……。

多少は覚悟していたものの、実際に経験してみると、それは胸が引き裂かれるほど過酷な現実でした。

初めて出場したアテネ大会でも、二度目の北京大会でも、さまざまな感情から涙を流してきましたが、間違いなくロンドンで流した涙の量がいちばんでした。たぶん、過去二大会のときにはあった〝自分の未来への希望〟が、完全に消滅してしまった瞬間だったからなのだと思います。

アメリカ戦が終わると、僕は隣で試合終了の合図を聞いていたキャプテンの佐藤佳人選手と一緒に号泣していました。

佐藤選手はアテネ時代から苦楽をともにした戦友であり、ロンドン大会までの道のりの中ではベテランとして協力し合ってチームを引っ張ってきたという自負もあったので、お互いの気持ちを十分すぎるほどわかっていたのだと思います。

「申しわけない、お前が試合に出られる機会を一度も作ってやれなくて」

「いや、わかっとる。チーム事情もあるやろし、そもそも自分がこの舞台でプレーできるかできないかということ自体に問題があったんやから、自分の力不足や」

よき理解者がいてくれことに僕は感謝し、複雑に入り混じったその感情をなだめられた気がしました。そして、ネガティブな感情を我慢して抑え込み、耐えに耐え抜いたパラリンピックが終わり、ようやく自分の感情をさらけ出すことができました。

「もう、代表はこれでええかな。これまでようやってきた。帰ったら、一度ゆっくり休もう」

僕のパラリンピックへの約一〇年間の挑戦は、こうして中途半端なかたちで幕を閉じることになってしまいました。振り返ると、いつもかっこよくすっきりしたかたちで終わらないところが、僕らしいといえるのかもしれません。

# 第2章

# 車いすとともに生きる
## ——二つの人生——

# 1　高校生ラガーマン、頸髄損傷を負う

## あの日のこと

一九九九年六月一六日。

それは、僕にとって人生の大きな分岐点となった、忘れられない日となりました。

その日より前は、健常者としての人生。そしてその日から現在までは、障害者としての人生。

僕は一九八一年六月二一日にこの世に生まれたので、二〇一七年を境に、「健常者としての人生」よりも「障害者としての人生」のほうが長くなったことになります。

もちろん、「健常者の人生」を生きているときには、当たり前ですが自分がまさか車いすに乗って人生を歩んでいくなどとは考えたこともありませんでした。でも、あれは好きだったラグビーと真剣に向き合っている中で起こってしまった事故が原因だったので、確かに時間はかかりましたが、僕は最終的に障害を受け入れることができたのでしょう。

もっと正確にいうなら、その日から現在までの人生においては、ウィルチェアーラグビーというスポーツに出会い、それに夢中になり、自分の中にある〝生きるエネルギー〟を惜しみなく注ぎ込むことができたからこそ、障害者人生というものを受け入れられるようになったのかもしれません。

そういう意味では、僕のパラリンピックへの道のりは、事故に遭遇した〝その日〟から始まっていたのだと思っています。

もちろん、その道のりは決して平坦ではありませんでした。

パラリンピック出場までの紆余曲折の中で、僕は数えきれないほどくじけそうになりました。そもそもウィルチェアーラグビーと出会ってから、すぐにパラリンピックを目指そうと考えたわけでもありません。

他の同じような境遇の人たちがおそらくそうであったように、僕も初めの頃はただただ絶望感に打ちひしがれ、この世に生まれてきたことさえも恨むような暗黒の時期を過ごしていました。

「なんで自分がこんな目に遭わなあかんのや……」

怪我をしたあと、しばらくはそんなことばかり考えてしまい、その先の自分の人生を想像することすら、身体が拒否反応を示していました。

気づけば、「もしラグビーをやってへんかったら、全然違う人生になってたんとちゃうか」などとも考えてしまい、ラグビーをしていたこと自体を後悔したことも、当時は何度かあったと思います。

でも、結局はラグビーを嫌いになることはできませんでした。むしろ現在は、ラグビーとの出会いがあったからこそ、ウィルチェアーラグビーの日本代表として、パラリンピックの舞台を三度も経験できたのだと考えられるようになりました。

だから、いまでもラグビーが僕の人生の骨格のようなものを作ってくれたのだと信じています。

## ラグビーとの出会い

僕が生まれた東大阪市は、日本屈指のラグビーの街として知られています。実家のある場所も〝高校ラグビーの聖地〟花園ラグビー場の近所でした。そういう育った環境を考えると、子どもの頃からラグビーに興味を持ち、遊びの中からラグビーをするようになったのも自然なことだったと思います。

特に僕が小学生の頃、ラグビーはブームといってもいいくらいの人気スポーツで、友だちと公園で遊ぶときは、ほとんどがあの楕円球と一緒でした。

ちょうど当時は、神戸製鋼が一九八八年から日本選手権七連覇という偉業を遂げるなど、歴史的に見てもラグビー全盛時代だったのです。少なからず僕らのような子ど

小学生時代はラグビー以外にも多くのスポーツを経験した
（ソフトボールの打席に立つ著者）

もたちもそれに影響を受け、公園のブランコをゴールにしてラグビーボールを蹴ってみたり、砂場でトライをしてみたりと、テレビで見たラグビーを真似して友だちと遊んだ思い出があります。

とはいえ、父親がラグビーに熱心なラグビー一家で育ったというわけではありません。僕の父は、どちらかといえばラグビーよりも野球という典型的な〝昭和のお父さん〟で、仕事から帰るとテレビで大好きな巨人戦のナイター中継を観ながらお酒を飲む、というのが日課でした。むしろ、八歳上の姉が高校時代にラグビー部のマネージャーをしてい

大阪・英田中学校ラグビー部時代の著者（矢印）

たことが、三阪家とラグビーの数少ない接点だったといえるかもしれません。

　そんな僕が本格的にラグビーを始めたのは、地元の英田《あかだ》中学校に入学してからでした。入学前に、公園で在校生の先輩から「お前、三阪やろ。中学入ったらラグビーやれ」と、声をかけられたことがきっかけでした。

　当時、僕の中ではまだ中学の部活動でラグビーをやるかどうかは決心がついていませんでした。子供の頃によく遊んだ五歳上の兄が人気漫画『スラムダンク』の影響でバスケットをやっていたこともあり、その兄の影響を受けてバスケットに興味が湧いていたからです。

その頃の僕の身長は一七〇センチほどで、体型はややぽっちゃり型。同年代の中では体格がよかったこともあり、ラグビーにもバスケットにも向いていたと思います。でも悩んだ末、最終的にはラグビーを選ぶことにしました。先輩から強く勧誘を受けたこともあり、中学生活を楽しく過ごすためにはラグビーをやったほうがいいと考えたからです。

そんなやや消極的ともいえる始まりではありましたが、結果的にその選択は大正解だったと思っています。もしあのときにバスケットを選んでいたら、そこまでバスケットに夢中になれたかわかりませんし、障害者となってからもスポーツにこれだけの情熱を燃やせたかどうかは、自分でも疑問に思います。それくらい、ラグビーは僕を虜にしてしまったのです。

## 進路を決めた、ある一戦

英田中学でラグビーの楽しさを知った僕が本格的に花園を目指したいと考えるようになったのは、中学卒業後の進路をどうするか迷っていた時期に、全国高等学校ラグビーフットボール大会の大阪府予選決勝戦、啓光学園（現常翔啓光学園）対布施工業高校（現布施工科高校）戦を観戦してからだったと思います。

当時から啓光学園は全国屈指のラグビー名門校として知られており、結局この決勝戦でも勝利を収めて全国大会の出場権を手にしたわけですが、その試合で僕を驚かせたのは敗者の布施工高のほうでした。

あの啓光学園に互角の戦いを演じ、前半を終えた時点ではなんと布施工高がリードしていたほどでした。その戦いぶりを見て「なんなんや、布施工高って」と感動してしまい、自分も布施工高でラグビーがしたいと考えるようになったのです。

しかも、布施工高は東大阪市内にあるので、実家からは自転車で三〇分ほどの距離です。当初は担任の先生から他の高校への進学を勧められましたが、両親は僕が高校でも継続してラグビーをすることに対して異論はなく、最終的には自分の意思を受け入れてくれました。

ただ、僕自身は中学時代にレギュラーでもなかったし、ラグビー部の顧問の先生からは布施工高に行ったとしてもレギュラーになるのは難しいと忠告されたほどで、鳴物入りで入部したわけでも、自分の中に自信があったわけでもありませんでした。そのときは、とにかく布施工高に行ってラグビーがしたいという憧れだけが動機だったと思います。

実際、あの啓光学園対布施工高戦を観戦するまでは、ほどよくラグビーをしながらバイトもして楽しい高校生活を送るのか、それとも本気でラグビーをやって花園を目指してみるのか、迷っていたくらいです。それでも最終的に本気でラグビーをやるほうを選べたのは、中学時代の部活の中で、我慢して頑張れば必ず楽しいことが待っている、ということを経験していたからだと思います。

## 布施工高ラグビー部へ

いざ布施工高ラグビー部に入部してみると、やはり顧問の先生が言っていた通りの現実が待っていました。

まず、部員の数は二、三年生だけで八〇人くらいいて、僕たち新入生も三〇人以上という大所帯。監督の川村幸治先生はラグビー界の重鎮で、想像はしていましたが、布施工高ラグビー部はまさに猛者たちが集う強豪軍団そのものでした。

同級生の中には、中学時代に大阪選抜で活躍して鳴物入りで入部してきた有名選手もいました。それが、後に僕の親友となった大垣内崇晴君です。

中学時代の大垣内君は、後に日本代表キャプテンにまで上り詰めたあの廣瀬俊朗君と「大阪二枚看板」と評されていたほどの超有名フッカー（二番）で、僕とは天と地ほどのレベル差がある実力者でした。

彼からはプレー面でいろいろなアドバイスを受けましたが、そのたびにラグビーに取り組む姿勢の次元の違いを思い知らされたものでした。どうすれば高校卒業までに試合に出られるようになるのか、道筋が見えなくなるほどの「次元の違い」といったほうがわかりやすいでしょう。

そんな暗中模索の中で始まった高校ラグビー生活は、とにかく基礎練習と体力および筋力トレーニングに明け暮れる毎日から始まりました。

中学時代の僕は、主にプロップ（三番）でプレーすることが多かったのですが、高校に入ると身長が一七八センチくらいになっていたので、ナンバーエイト（八番）を希望しました。当時神戸製鋼で活躍していた伊藤剛臣さんへの憧れも影響していたと思います。

でも、現実的にナンバーエイトのプレーができるほどそのポジションの動きを理解していなかったため、ひとつ上の学年のチームではロック（四、五番）でプレーし、自分の学年のときにナンバーエイトをやらせてもらうという感じでした。

転機になったのは高校三年の春に、新チームで熊本選抜と練習試合をしたときのことでした。

それまでナンバーエイトで出場するときは、ボールを前に運ぼうとする意識が強すぎて、それがいつも空回り。試合中は、川村先生のアドバイスも忘れてしまうほど迷いながらプレーしていました。ところが、その試合で向かってくる相手に練習通りにタックルをしてみると、見事にハマって綺麗に相手を倒すことができたのです。

タックルとは痛いものとばかり思っていた僕が、初めてタックルで相手を倒すことに快感を覚え、そこに一筋の希望の光を見出した瞬間でした。

その試合でのプレーを川村先生から評価された僕は、以降、必死になってタックルに磨きをかけました。チーム内での僕の存在感は高まり、やりたかったナンバーエイトとして、ようやくチームの中で自分の居場所を見つけることができたのです。そのときの喜びと充実感は、言い尽くせないほどのものがありました。

## 憧れの花園ラグビー場に立つ

高校三年生の四月になると顧問が川村先生から佐光義昭先生にバトンタッチし、いよいよ高校生活最後の一年間がスタートしました。

レギュラーの座も確保し、いよいよというちょうどそのタイミングで、憧れの花園ラグビー場で試合をするチャンスが舞い込んできました。それは公式戦ではなく、イベントの一環として行われるエキシビジョンマッチのひとつで、僕たちは北海道の札幌山手高校と対戦することになりました。

後にも先にも、僕が憧れの花園ラグビー場に立ったのはこの一回きりです。振り返ってみると、この試合が健常者ラグビーのプレーヤーとしての僕のピークであり、また高校時代のハイライトだったと思います。なぜなら、最終的に大差で勝利したこの試合では相手を無得点に抑えることに成功したのですが、その原動力となったのが、僕のタックルだったからです。

憧れの花園ラグビー場でのプレー風景
（1999年。中央最後列が著者）

「三阪のディフェンス、やばかったやろ。タックルしては起き上がって、またタックルして……」

試合後、チームメイトから褒められた僕は、ニヤニヤしながらそれまで経験したとのない充実感と喜びをかみしめていたことをよく覚えています。それまでほとんど褒められたこともなかった僕が、一躍ヒーローになったわけです。改めて、ラグビーを頑張ってきて本当によかったと思えた瞬間でもありました。

「これまでやってきたことに間違いはない。このプレーに徹すれば、もしかしたら本当にまた花園でプレーできるかもしれへん」

鳴物入りでもなく、特別なスキルがあったわけでもない僕が、とにかく諦めずに地道な努力を積み重ね、ようやく布施工高ラグビー部で欠かせない駒になれたことは、生きるうえでの大きな自信にもなりました。また、その頃からなんとなく、高校卒業後の自分の未来図を描けるようになっていたと思います。

このまま花園を目指しながら、うまくいけばラグビーで大学に進学して、もしそれが叶わなかったとしても社会人としてラグビーを続ける……。とにかく、自分ができるレベルでラグビーと関わり続けたいという自分なりの人生設計ができたのも、この試合がきっかけでした。

しかしラグビーの神様は、そうは考えていませんでした。その後、僕がまったく想像もしていなかった、とてつもない試練が待っていたのです。

## 「スパイク脱がせ！　足を冷やせ！」

夏合宿に向け、再び練習に明け暮れる日常を送っていたある日……。僕が一生忘れることのできない、一九九九年六月一六日のことでした。

その日は早朝、いつものように母親に起こしてもらい、朝練に行ってウェイトトレーニングをしてから授業に出て、また放課後に練習するというごくありふれた一日を過ごすはずでした。

ただ、放課後の練習に出るとき、なぜかスパイクの紐《ひも》をしっくり結べず、その日のどんよりとした天気のように、なんとなく頭の中もボヤッとしていた記憶があります。ラグビーでは充実していた時期でしたが、卒業後の進路のことや授業の課題提出のことなど、目の前のことについていろいろ考えなければならない時期でもあったからでしょう。

そんな中、週末の練習試合に向けて実戦形式の練習をしていると、最初にタックルを受けたときに尾てい骨を地面に叩きつけるような格好で倒れてしまったのです。意外とダメージがあったので、とりあえずワンプレーだけ外れてグラウンドの脇でお尻の痛みが引くのを待つことにしました。

「ケツやってもうた」

そう言ってお尻をさする僕に、そのとき怪我で離脱中だった大垣内君が「無理すんなや」と、プレーに戻らずその日の練習を休むように進言してくれました。

「まあ、でも週末に練習試合あるし、とりあえず戻るわ」

僕としては軽い打撲程度の痛みだったので、痛みをこらえて実戦形式の練習に戻ったわけですが、結果的にそのあとのプレーが運命の分かれ道になりました。

こぼれ球をセービングしたあとにボール争奪戦が始まり、再び起き上がって前に出ようとする体勢になったときのこと。周囲から両チームの選手が一気になだれ込んできたのです。その間、一瞬の間があったような気もしますが、とにかくその密集の中で僕は首を強打してしまったようです。

瞬間、何かが「ブチッ」っと切れるような音が聞こえ、仰向けに倒れた僕は下半身の感覚をすっかり失っていました。腹筋と背筋も麻痺している状態なので、呼吸もままならず、意識はあるのに話すことができません。

「あれ？　あれ？　おかしい、どうした？」と思っていると、周囲がざわつき始め、「スパイク脱がせ！　足を冷やせ！」といったチームメイトの声がかすかに聞こえましたが、そのときの僕がどんな状態なのかは知る由もありません。

## 救急救命センターへ

しばらくすると救急車の音が聞こえてきて、僕は酸素マスクをつけられた状態で東大阪市内の救急救命センターに運ばれました。そして、救急救命センターに到着すると、そのまま緊急手術室に搬送された僕は、そのとき着ていたジャージを裸になるまでハサミでチョキチョキ切られ、首に注射を一本打たれると、あっという間に気を失いました。もちろん、記憶もそこで一時的に途切れます。

目覚めたのは、それから二日後のことでした。

自分に何が起こったのかを理解するまでにそれほど時間はかかりませんでしたが、倒れてから麻酔を打たれるまでの記憶を辿ったあと、僕は一ヵ月ほど前に読んだラグビー雑誌に載っていたある記事のことを思い出していました。

誰のインタビューだったのかは思い出せませんが、記事の中ではその選手がスクラムの練習中に首の骨を骨折し、頸髄損傷という怪我により車いす生活をすることになったという話が出ていました。それを読んで、ラグビーではそういった大きな事故もあることを認識していたので、いま自分に起こっていることと照らし合わせると、すぐに「車いす生活」の文字が頭をよぎりました。

目覚めた日には、両親の他に、川村先生、佐光先生、クラスの担任の先生が僕を心配してかけつけてくれました。呼吸器をつけられた僕の周りに大人が集まってきて、それだけでも何やら大変なことが起こっていることはすぐに理解できました。そして、看護師さんから「何か伝えたいことはありますか?」と聞かれた僕は、手渡された文字ボードを使って、「ごめんなさい」と伝えました。

何を言えばいいのかすぐに思いつかなかったこともありますが、僕が怪我をしてみんなを困らせてしまっていることだけははっきりしていたので、迷惑をかけて申し訳ありませんという気持ちを伝えたかったのだと思います。

とにかく、僕の人生はその日を境に大きく変わることになりました。

いまでこそ当時の様子を思い出して細かく話せるようになりましたが、あの日から数年間は、事故のことを思い出すのが怖くて記憶の中から消し去ろうと、もがいていた時期もあります。

大好きなラグビーが、まさか自分に対してこんなに厳しい罰を与えるとは……。それを受け入れられるようになるまでには、しばらくの年月がかかりました。

## 2　ラグビーと怪我
### ——ラグビー界で障害者の僕が取り組んでいること——

### ラグビーは「危険なスポーツ」か?

僕が負ってしまった怪我は、具体的には首の六番目と七番目にある骨の脱臼骨折でした。同時に、脱臼骨折したときに脊髄神経を傷つけてしまい、いわゆる頸髄損傷という病態になってしまったのです。

頸髄損傷は、現代医学をもってしても完治することはないとされている重度の障害で、これまでに完全回復したというケースはないということです。もちろんこの先、再生医療が進歩すれば別のかたちでの回復方法が見つかる可能性はあると思いますが、少なくとも現状では、いかに車いすと上手に付き合って生きていくかが、頸髄損傷になってしまった人にとっては病後最大のテーマになります。

実は、僕と同じようにラグビーをしている中で頸髄を損傷してしまった人は少なくありません。実際、数あるスポーツの中でもずば抜けてその数が多いのがラグビーで、二位の柔道を大きく引き離す数字を示している統計もあります。アメリカンフットボールのような防具を身につけず、身体を剝き出しにした状態で激しくボディコンタクトをするためです。

頸髄損傷を負ってしまった人の年齢層を見てみると、最も多いのが僕と同じ高校生年代です。高校ラグビーは、まだ身体の発達期にある高校生が大人顔負けの激しいプレーをすることで、このような事故が起きてしまうのだと思います。

特に相手にタックルをしたとき、タックルした相手が自分の側に倒れてきたときが最も危険とされ、そのときに頸髄損傷、あるいは運が悪いと死亡事故が起こってしまうケースがあります。その他にも、正しくスクラムが組めなかったとき、〝逆ヘッド（相手が走っている方向に首が入ってしまうタックル）〟の状態など正しいタックルができなかったときも、頸髄損傷のリスクが高まります。

でも、だからと言って、僕としては「ラグビーは危険なスポーツだからやらないほうがいい」と言うつもりは毛頭ありません。

大なり小なり、どんなスポーツにも危険はあるし、実際に頸髄損傷を負う人の数は全プレーヤー人口の中のほんの一握りです。少なくとも「危険だからやめろ」という考え方は、あまりにも短絡的かつ消極的な発想だと思います。

実際、運悪く頸髄損傷を負ってしまった僕もラグビーを嫌いになったりはしていませんし、いまでもよく見る大好きなスポーツです。もっとたくさんの人にラグビーをプレーしてもらいたいと願っているし、より多くの人にラグビーの魅力を知ってもらいたいと、いまでも考えています。

## 予防だけではなく障害を負ったあとのサポートも

当然ながら、ラグビー界では安全を脅かすような重大事故が起こらないように、さまざまな対策や工夫をしています。日本ラグビーフットボール協会（ＪＲＦＵ）の中にも安全対策委員会という委員会が設置されていて、僕も二〇一六年から委員のひとりとして参加するようになりました。

この委員会では主に、ラグビーをするときの安全対策について話し合っていますが、その中には、たとえばタグラグビーのようにタックルのないラグビーを何歳までプレーさせるべきか、あるいは中学生年代のラグビーではどういったボディコンタクトまで認めるべきかなど、予防という部分に焦点を当てた話し合いがメインで行われてきました。

もちろん予防はとても大切なことなのですが、僕が委員として取り組んでいきたいのは、事故が起きてしまったあとのサポートのあり方です。これは、ラグビーを普及したいと考えるＪＲＦＵとしてはなかなか手が及ばなかった分野でもあり、怪我をしてしまった本人のことを考えると、表立った活動が難しい分野であることも事実です。ただ、僕としては自分の経験を生かし、そういった重度の怪我をしてしまった人たちへの働きかけやサポートをしていけるような活動も、これからのラグビー界には必要だと感じています。

危険を避けるためにボディコンタクトをしないようなルールを作ることはある意味で簡単なのかもしれませんが、それではラグビーの醍醐味や魅力が損なわれてしまいますし、強化という点からすれば若年層から実戦経験を積むことは絶対に必要だと思います。

なので、その分野については各方面の専門家にお願いするとして、僕にできるのは事故後のケアの分野だと考えています。怪我をした本人を中心に、家族や周りの人などその事故によってダメージを受けた人たちに、どのように寄り添っていけるのか。ラグビー界として、そういった人たちの受け皿になれる場所や環境を整えておくべきだと思うのです。

たとえば、怪我をしてしまったことでその人がラグビーを嫌いにならないようにアドバイス、サポートをする組織がラグビー界に存在してもいいと思います。

僕は怪我のあとにウィルチェアーラグビーと出会ったことで、ラグビーのことを以前と同じように好きでいられるようになりましたし、車いす生活を強いられても新しい道を見つけることができれば、その人は自分がそれまでやってきたことを後悔することもないと思います。実際、僕以外にも、ラグビーで怪我を負い、車いす生活を送りながらも健常者ラグビーの指導者を目指している人もいます。

要するに、怪我をしてしまったからといって二度とラグビーと関われなくなってしまうようなかたちではなく、怪我をしたあとでもラグビーと関わりをもっていけるような選択肢をラグビー界が用意しておき、どのような道があるのかを本人や家族に知らせ、組織としてその道を歩むためのサポートをしていくことが大事なのではないかと想うのです。

僕は経験者として、裏方でもいいので、そのようなサポート体制を作っていきたいと考えています。

## 海外の事例に学びながら

翻って、海外などではこういった重度の怪我のケアを、どのように行っているのでしょうか。

僕が知っている範囲の話ですが、たとえばニュージーランドではこの類いの怪我の入院患者に対して、「あなたでもできるこういったスポーツがありますよ」というくつかのサンプルを提示するそうです。ラグビーで怪我をした人なら、早い段階からウィルチェアーラグビーの存在を教えることで、リハビリやその後の人生に対するモチベーションを高めてあげることができます。

ドイツでも、病院やリハビリセンターに車いすスポーツの雑誌を常に置いていて、同じように怪我をした人に対して障害受容を促していく環境が整えられていると聞きます。

また、僕の知り合いにアンディ・バロウというウィルチェアーラグビーのプレーヤーがいるのですが、彼によれば、イギリスでは脳震盪《のうしんとう》や頸髄損傷などラグビーで重度の怪我をした人に対して、その後の人生をサポートする財団があるそうです。

実際、彼自身もラグビーで怪我をして車いす生活となったとき、その財団に仕事を紹介してもらったり、ウィルチェアーラグビーをするためのサポートをしてもらったりして、「僕はその財団に救われた」という話をしていました。

アンディとはウィルチェアーラグビーの大会で知り合ったのですが、その後、僕が安全対策委員会でやっている活動を見た彼から、フェイスブックを通して「僕がイギリスでやっている同類の活動があるから、力になれることがあれば協力したい」というメッセージをもらい、情報交換をするようになりました。

僕としてもアンディがやっている取り組みはすばらしいと感じているので、この先、ＪＲＦＵともその情報をシェアしながら、日本でも何かしらのかたちを作っていきたいと考えています。

とにかくＪＲＦＵが僕を安全対策委員会に呼んだ理由は、その分野の役割を担ってほしいからだと思います。今までは事故が起こらないための対策を講じてきたＪＲＦＵが、実際に事故で障害を負ってしまった人間を組織に加えること自体、ラグビー界にとってはとても大きな一歩です。

幸い二〇二〇年には東京でパラリンピックが開催されますし、これを機会にラグビー界とウィルチェアーラグビー界がお互い手を取り合いながらそれぞれの普及と発展につなげていくことができれば、これほどすばらしいことはないと考えています。

# 3　僕の社会復帰までの道のり

## 寝たきりの毎日

自分の身に起きたことが一体どれだけ深刻なものなのか……。

麻酔から目を覚ましてからの僕は、そのことをはっきりと認識できないまま、救命センターのベッドのうえで寝たきりの毎日を過ごすことになりました。

そのときの僕の心境をひと言で表すと、まさに茫然自失。事の重大さは理解していましたが、悲しいとか悔しいとか、そういう単純な感情ではなかったことだけは間違いありません。

下半身が麻痺して思うように身体を動かせないというもどかしさ。口に人工呼吸器をつけられ、毎日の食事も管を通しての流動食というせつなさ……。

それまでの日常生活からはおよそかけ離れた自分の状態を考えるほど、このまま自分は寝たきりになってしまうのではないかという不安感や絶望感に襲われました。また、事故前に読んだラグビー雑誌の記事を思い出し、自分がこれから強いられるであろう車いす生活を想像しては、恐ろしくなりました。

一方で、担当医や両親からは「頑張って治そうね」と励まされていたこともあり、僕はこの頃はまだ、完治しないとは考えていませんでした。それまで触られていることすら感じなかった足も、たまに触覚が戻るときもあったし、何かの拍子で足がピクッと動いたのを見たりすると、「なんや、ちゃんと回復してるやん！」と、明るい希望を持てる瞬間もありました。

とにかくその時期は、そういったポジティブな気持ちと、だめかもしれないというネガティブな気持ちが一日の中で何度もくり返すので、精神的にはかなり不安定な状態でした。

先のことを考えて不安がつのると泣き始めたり、今度は急に怒りが込み上げてきて看護師さんや家族に激しく当たってみたり。自分の感情をコントロールできないので、周りの人は本当に大変だったと思います。

ようやく人工呼吸器を外してマスク型の呼吸器に替わったあとには、肺炎との戦いが待っていました。

下半身が麻痺していると腹式呼吸ができないので、呼吸は肺呼吸のみとなります。そうなると痰《たん》が肺に溜まりやすくなるわけですが、腹筋にまったく力が入らないので痰を自分で吐き出すこともできません。これが、肺炎を患う原因となってしまうのです。

そこで、医者の指導の下で痰を吐き出すための腹筋を鍛えるトレーニングが始まりました。最初は先生にお腹をポンと軽く押される程度のトレーニングからスタートして、そのうち「コホコホッ」とやって、自分で痰を出せるようになるまでトレーニングは続きました。その間、痰を吐き出す量が溜まる量に追いつかない場合は、吸引器を使って痰を吸い出す作業をするのですが、内臓ごと引っ張り出されるくらいの苦しさを強いられるその治療が、僕は大の苦手でした。

また、寝返りが自由に打てないので、床ずれ対策も大変でした。三時間おきに看護師さんに身体の向きを変えてもらわないと背中やお尻に傷がついてしまい、そこから身体の一部が腐敗してしまうことがあります。昔の頸髄損傷者の中には、それが原因で亡くなってしまうケースも少なくなかったようですが、僕は誰かの力を借りないと寝返りもできないのかという歯がゆさから、看護師さんを呼ばずにしばらくそれを拒否し続けていたこともありました。

結局、床ずれから腐敗が始まったために手術をすることになりました。手術から目覚めてからはとにかく健常者時代の自分の身体とのギャップに悩み、苦しめられ、それこそ地獄のような毎日を過ごして生きていたという記憶だけがいまでも残っています。

どんなことがあっても、もう二度とあの頃にだけは戻りたくない……。
車いすで普通に暮らせるようになった現在も、その気持ちに変わりはありません。

## 「誰があの子の面倒を見ればいいんですか？」

二週間ほど経つと、ようやく食事が流動食から普通の食事に切り替わりました。ところが、それまでかむという作業をしていなかったためにあごの筋肉が弱っていて、五～六回かんだだけで疲れてしまい、食事もなかなか進みません。

また、身体の機能が麻痺していて排せつすら自分ではできないので、看護師さんのサポートが必要になります。一八歳にもなる男が、年上とはいえ女性の看護師さんの助けがないとそんなこともできないのかと思うと、どんどん人間としておかしくなっていくような気がして、生きていくのがとても怖くなったことをよく覚えています。

そんな状態の僕に、いつも付き添ってくれたのは母親でした。

これはあとで知ったことですが、母は僕が頸髄損傷の診断を受けた際に、主治医から僕がもう二度と歩けなくなることを宣告されていました。

「私はあの子より先に死にます。私が死んだあと、誰があの子の面倒を見ればいいんですか？」

我が子が車いす生活を強いられるという現実を知った母はその後、佐光先生の前で泣きながらそう言ったそうです。

にもかかわらず、僕と一緒にいるときはそんなそぶりをまったく見せず、明るく振る舞って僕を介助してくれました。

後日談によれば、当時の母は病室から一歩外に出るともうフラフラの状態で、自宅に帰っても食事がのどを通らないほど疲れ切っており、とにかく涙を流してばかりいたそうです。そんな状態が続いたために今度は母が栄養不足になってしまい、病院で点滴を打ちながら僕が入院している救命センターに通っていた時期もあったということでした。

それを知らされたときは、親が子を思う気持ちの強さを改めて思い知らされましたし、そんな状況を知らずに酷い言葉や態度で母に当たり散らしていた自分を、本当に恥ずかしく思いました。

たとえば、僕が入院している間に自動車免許を取得していたこともそのひとつです。当時すでに五〇歳手前の母が、まさか教習所に通って車を運転するようになるなんて、僕の知る母の性格からは考えられないことでした。それもこれも、すべては車いすで生きることになる僕のため。母は、息子のその先の人生を考えて、親としてできる限りのことをしてくれたのでした。

だから、僕はいまでも母に頭が上がりません。

北京パラリンピックのとき、家族全員は無理だとしても、母だけにはどうしてもウィルチェアーラグビーの世界の舞台でプレーしている姿を見てほしかったのは、そんな母に息子としてできる最大の感謝だと考えたからです。

そこには、母に、必死に戦っている僕の姿を生で見て安心してほしいという想いと、これからは僕のことだけを考えずに自分の人生をしっかり楽しんでほしいという願いがありました。もちろん北京パラリンピック出場がすべてではないし、生きている限りその気持ちは持ち続けていたいと思っています。

いま自分も親となり、親が子を思う気持ちとその愛情の深さについて改めて考えさせられるようになりました。

## お見舞いや励ましが苦痛に

感謝したいという意味では、当時の布施工高ラグビー部のメンバーに対しても同じです。

入院してからしばらくすると、お見舞いに来てくれる人との面会が許可されるようになったのですが、多くの人が来訪してくれる中、毎日のように面会に来てくれたのが彼らでした。

でも当時、僕はそんな彼らに対して土下座をしてお詫びをしなければならないような失礼なことをしていました。

最初の面会で真っ黒に日焼けした彼らを見たとき、ついこの前まで同じように楕円球を追って日焼けしていたことを思い出してしまい、素直に「ありがとう」のひと言さえ言えない自分がいました。

「いま練習はこんな感じでやってるで」と近況報告を受けるたびに、病室暮らしですっかり肌も白くなり、同じグラウンドに立てないでいる自分と彼らとの落差に、ひがみや腹立たしさすら感じるようになっていったのです。

そのうち僕はお見舞い自体が苦痛になり、家族以外の人との面会を拒絶しました。面会に来てくれたほぼ全員が病室を出るときにかけてくれた、「頑張って」というひと言。この言葉を聞くたびに、「こんな身体になった僕に、何を頑張ればいいと言うのですか？」と思ってしまうようになり、それに耐えられなくなったのです。

このときの僕は、みんなのいたわりや励ましの言葉を素直に受け止められない状態にありました。結局、しばらくして僕は個室に移り、家族以外の人とは一ヵ月ほど会わない時期を過ごしました。

実はその間も、僕が知らないところでラグビー部のチームメイトたちは毎日救命センターに来てくれていたのです。今でこそ彼らと当時のことを笑って話せるようになりましたが、それを知ったときは本当に申し訳ない気持ちでいっぱいになり、自分自身が恥ずかしくなって何度も謝りました。

会えないとわかっていながら毎日通うことは、普通の友達関係ではなかなかできることではないと思うし、やっぱりラグビーでつながった仲間との絆は格別に強いのだと痛感しました。特に僕が車いすで生活するようになっても以前と変わらない関係で付き合ってくれる大垣内君はいまでも大の親友で、彼に対しては母と同じくらい頭が上がりません。

怪我をしてからしばらくは素直に彼らと向き合えなかった僕ですが、そんな彼らとの関係が元に戻ったのはずっと後のこと。アテネパラリンピック出場の前に地元で開いてくれた壮行会がきっかけでした。

やや形式的な一次会が終わり、同期のメンバーと仲がよかったひとつ下の後輩数人で場所を移動して二次会に突入すると、気の合う仲間と久しぶりに酒を酌み交わす中で自然と話題は事故当時の話に及びました。

するとそれまで互いに口にできなかった話がいろいろと出てきて、それぞれが抱えていた気持ちを語り始めました。気づけば、居酒屋のホールの片隅でお酒を飲みながら、僕たち全員が涙を流していました。

彼らがそれまでどんな気持ちで五年ほどの月日を過ごしていたのかをそこで知ったことで、改めて仲間の大切さと尊さを感じることもできました。

もしかしたら、僕がパラリンピックに出場することができたことによって、お互い腹を割って話せるタイミングが生まれたのかもしれません。そう考えると、ウィルチェアーラグビーに出会えたこと、そしてパラリンピックという世界大会がこの世に存在することにも、改めて感謝したいと思いました。

## 医師の告知に一日中泣く

布施工高のグラウンドから搬送された救命センターで三ヵ月を過ごしたあと、今度はリハビリセンターへ転院することになりました。ところが転院先で受けた最初の診断で、僕の中にあったわずかな希望は完全に絶たれることになりました。それは、僕だけに隠されていた事実を初めて知らされた運命の日でした。

「検査結果を見させていただきましたが、これは頸髄損傷という障害です。あなたはもう二度と歩くことができないから、これからは車いすで生活するためのリハビリをやっていきましょう」

医師からこう告げられたその日、僕は一日中泣きました。わずかな希望から絶望へ突き落とされた瞬間でした。目の前が真っ暗になるというのは、こういうことをいうのだと思いました。

これから僕が車いすで人生を歩んでいくという事実だけは、もうどんなことがあっても絶対に覆ることはない……。そう考えたときに湧き上がってきた不安と恐怖は、とても言葉で表現することはできないものでした。

だから、そこからスタートしたリハビリ生活を前向きにとらえられるようになるまでには、相当な時間がかかりました。

「リハビリする意味は何なのか？」

「仮にリハビリを終えて車いす生活ができるようになったとしても、それから生きていくことに意味はあるのか？」

どうしてもそう考えてしまい、なかなかリハビリに身が入らないのです。

結局、自力でご飯を食べ、車いすに乗って動けるようになるまでには、一ヵ月半ほどかかりました。ただ、自分で動けるようになったことで、それまで付きっきりだった母も自宅へ戻ることができるようになり、ひとりで過ごす新しい入院生活がスタートしました。

その頃には僕の精神状態も少しだけ前向きに変化していたと思います。しかし、そこに辿り着くまでには、午前中に理学療法、午後に作業療法という単調かつ厳しいリハビリが続きました。

## 長く苦しいリハビリの日々

理学療法とは、まだ使える状態の機能を鍛えるリハビリです。寝たきりの状態が続いたあとにいきなり上半身を起こすと貧血を起こして失神してしまうので、まずはベッドの角度を少しずつ上げて起きるための運動からスタートしました。

その後、握力回復のために物をつかむトレーニング、床ずれをしないためのプッシュアップ（腕の力だけで身体を持ち上げる）などが始まります。上腕筋が鍛えられれば車いすを操作することもできるので、次の段階では腕の力で床《ゆか》から車いすに移動するトレーニングを行います。

ただ、この車いすに乗り移るための動きをマスターするまでには相当な鍛錬が必要で、僕自身も看護師さんのサポートなしでそれができるようになるまでには数ヵ月かかったほど苦労しました。

一方、午後に行う作業療法とは、たとえば介護用の箸で小さな豆をつまんで右から左へと移す単純作業をはじめ、装具をつけてペンで字を書く作業、あるいはプラモデルを作る作業など、手先の細かな動作のリハビリです。

特に自分でも驚いたのは、初めてパジャマから私服に着替えたときにトータルで二時間くらいかかってしまったことでした。さすがにそのときは、自分の障害の重さを痛感させられました。

それでも自力で動けるようになれたことで、明らかに自分の世界が変わったと思います。

人の力を借りないと何もできなかった自分が、車いすに乗って動きまわることができるようになり、物を食べたり、売店で買い物をすることもできる。また、救命センター内で同じ境遇の人を見て「あそこまでできるようになれるんや」と思って希望を見出したり、人が乗っている車いすを見てかっこいいと思うようになったりと、車いすの世界についていろいろな発見をすることができた時期でもありました。

この時期を振り返るなら、障害者となった自分を一〇〇パーセント受け入れられたわけではまったくないけれど、車いすの生活では何ができて何ができないのか、そのイメージがおぼろげながら見えてきた期間だったのかもしれません。

# 4　ウィルチェアーラグビーとの出会い

## 「車いすでやるラグビーがあるらしいで」

リハビリによって自力で行動できるようになってからは、その後に生きていく意味を見つけだすのに必死でした。

そのときの僕には障害者イコール社会的弱者というイメージしかなく、車いすの人が世の中で活躍したり、社会でしっかり働いて元気に生きていたりする姿を想像することすらできませんでした。いざそれが自分の身に降りかかってくると、生きていくこと自体が怖くなり、将来のことを何も考えられなくなっていたのです。

リハビリをしていても、母の「あの人はあんなにできるのに、なんでできひんのや？」という何気ないひと言に、なぜこんな身体になってまで人と比べられ劣等感を感じなければいけないのかと思ってしまうのです。しまいにはその状況から逃げ出したくて、自殺を図ったことすらありました。

リハビリセンターに転院してから二ヵ月が過ぎ、退院予定日も決まった頃のこと。作業療法士の鶴田先生が僕に言ってくれたひと言が、僕の中の暗闇にひと筋の光を当ててくれたのです。

「車いすでやるラグビーがあるらしいで」

藁《わら》にもすがる思いで苦しいリハビリにもがきながらも、自分ではなかなか社会復帰後の人生を見つけられずにいた時期です。いまにして思えば、それは絶妙なタイミングでの導きでした。

しかもその頃は毎週一回、鶴田先生の指導の下でツインバスケットをプレーする時間が設けられていて、僕自身もリハビリ生活の中でそれをいちばん楽しみに感じていました。精神的にも少し前向きになってきていた頃でもあり、退院してからも何かしらスポーツはやってみたいと考え始めていました。

これがもし退院して数年経ってからの話であれば、すでに就職をしていて重い腰を上げられなかったかもしれませんし、二度と歩けないと宣告されて間もない頃であれば、まだ新しいことにチャレンジしようという気持ちになれなかったかもしれません。

ですから、僕のリハビリの様子や生活態度などを見たうえで、まさにベストなタイミングでウィルチェアーラグビーの存在を教えてくれた鶴田先生には、いまでも感謝しています。

「ええ？　車いすでラグビーなんて無理ですよ」

「いやいや、あるらしいで。試合のビデオ持ってるから、明日にでも持ってくるわ」

「お願いします！」

その夜は事故に遭遇して以来、最高に明るい気分でベッドに入ることができました。それまでは悲しくて辛くて、不安で眠れなかったことはあったけれど、ワクワクして眠れなかったのは初めてのことでした。

「車いすラグビーって、どうやってやるんやろうか？　グラウンドで走ったら転んでしまって、ボールも追いかけられんしな……」

そんなことをいろいろと想像していたら、気づくと朝になっていました。

## 僕を変えてくれた一本のビデオテープ

その日、いつものリハビリメニューをてきぱきと済ませた僕は、いよいよ鶴田先生のところへ行って〝例の〟ビデオを見せてもらうことになりました。先生がＶＨＳビデオのテープをデッキに挿入すると、小さなテレビ画面にウィルチェアーラグビーの映像が映し出されました。それは、外国のチーム同士の試合でした。

「うわー、何これ。ラグビーと違うやん」

あれだけいろいろと想像したのに、ウィルチェアーラグビーというスポーツは僕がイメージしていたものとはまったく違っていました。

まず驚かされたのは、グラウンドではなく体育館でプレーされていることでした。使用されているボールもラグビーの楕円球ではなく、普通の丸いボールです。

狐につままれたような気持ちでしばらくビデオを見ていると、次の瞬間、車いす同士がドカンっと激しくぶつかり合うシーンが映し出されました。それを見たときのインパクトは、ものすごいものでした。

「これ、すごい！　面白そうや。先生、僕もやってみたいです！」

車いすでこんなに激しくぶつかり合うスポーツがあるなんて、まったく想像もつきませんでした。そのとき選手が乗っていたのはウィルチェアーラグビー用の車いすだったのですが、僕はそんな細かいことよりも、車いす同士が激しくぶつかり合う衝撃的シーンに目を奪われていました。

「そうか。なにやら今度、大阪にもチームができるらしいで」

「いつですか？　僕もそこに行って参加してみたいです」

先生は、チームが集まるのは僕の退院予定日から約二週間後だという情報も教えてくれました。

「なら、リハビリのピッチを上げなあかんな。頑張ろか」

「はい!」

それは、ただ社会に復帰したあとの生活のためだけにリハビリをしていた僕が、初めて明確な目的を持ってそれに取り組めるようになった瞬間でした。

車いす生活になっても、自分なりにできることもある。僕の人生を振り返ったとき、そう考えられるようになったことは、とても大きな人生の分岐点だったと思います。

同じ境遇の人の中には、退院してゆっくり探しながらそのようなものに出会う人もいるでしょうし、何年経っても出会えない人もいるかもしれません。もちろんそこで出会えたからといって、その先が順風満帆というわけでもありません。

僕とウィルチェアーラグビーとの出会いも、そのときはあくまでも車いすで外の世界に出ていくきっかけに過ぎませんでした。

でも、自分がやりたいことや、他の人に認めてもらえる何かを見つけることは、いわゆる「障害受容」のための大きなはずみになり、自分の生きる意味を見つけることにもつながると思うのです。僕にとっては、それがウィルチェアーラグビーだったというだけのことです。それまで何ごとも内向きに考えて立ち止まっていた僕の背中を、ウィルチェアーラグビーがそっと押してくれた、ということでしょう。

とにかく、僕はそれからリハビリのペースを一気に上げて、退院の日を迎えることになりました。

## 大阪のウィルチェアーラグビーチームに参加

リハビリセンターを退院すると、親が僕のために購入してくれた新しい家が待っていました。それまでの実家はエレベーターもなく、入院中に帰宅するときは家族におんぶされて階段を上り下りしていましたが、新しい家ではそれも不要です。僕が退院するタイミングに間に合わせてくれたことで、四苦八苦しながらも、退院後の生活は新しい家で快適に過ごすことができました。

そして二週間後、いよいよ大阪に新しく設立されるウィルチェアーラグビーチーム「ウェストジャパン」のキックオフミーティングに参加しました。場所は大阪の舞洲にある障害者スポーツセンターで、僕にとってはそれが人生の新しい船出の日となったわけです。

そこで最初に感じたことは、集まってきた人たちと自分との大きな違いでした。そのミーティングにはツインバスケットボールで活躍する有名選手も来ていて、みんな仕事を持って社会復帰している人ばかりでした。

退院したばかりの僕からすると、人生の先輩とも言える人たちでした。仕事帰りなのか、かっこいいスーツを着て颯爽と体育館に登場してくる彼らはとてもスマートに見えて、いずれ自分もああいうふうになれるのだろうかと、多少不安に感じたものでした。

新チームのメンバーが顔合わせの挨拶《あいさつ》を済ませると、次に待っていたのは、ウィルチェアーラグビー用の車いすを自分のサイズに合わせて作ってもらうための採寸でした。ちょうど障害者スポーツセンターにウィルチェアーラグビー用の車いす数台が寄贈されるというタイミングで、幸運にも、普通なら一台数十万円もする車いすを初心者の僕も無料で作ってもらうことができました。

採寸通りのウィルチェアーラグビー用車いすが完成したのは、キックオフミーティングから約一ヵ月後のこと。そこで初めて、チーム全員が再び障害者スポーツセンターに集まり、実際にウィルチェアーラグビーを実践することになったのです。

初めてプレーしてみたウィルチェアーラグビーは、想像を絶するほどタフなスポーツであることがすぐにわかりました。もちろん最初から簡単にできるとは思っていませんでしたが、正直、高校までバリバリのラガーマンだった僕からすればそんなに苦労することはないだろうと高をくくっていました。

ところが、プレーを始めて二〇分も経たないうちに腕がパンパンになり、あっという間に疲労で車いすを動かせなくなってしまったのです。

一方、周りの先輩たちは一時間ほどプレーしてもまったく疲れた様子を見せることなく、車いすを軽快に操作して動き続けていました。僕は自分より障害の重い女性に一対一で勝つことすらできず、とにかくウィルチェアーラグビーをするだけの体力と筋力が決定的に不足していることだけがはっきりしました。

家に帰るときにはもう腕が上がらず、ヘロヘロの状態になっていました。それでもボールを持って車いすを走らせ、車いす同士をぶつけ合うだけでも、僕にとっては十分楽しかったし、新鮮に感じることができました。

この日の初めての練習は、何か新しいことにトライしようとしていた僕にとって、大きな刺激になりました。確かに想像以上に厳しいスポーツであることはわかったものの、ウィルチェアーラグビーの第一印象は上々でした。

## 自動車免許を取得

ウィルチェアーラグビーとの嬉しい出会いがあった一方で、退院したあとはそれ以外の新しい生活もバタバタと動き始めていました。

まず僕が始めたのは、自動車運転免許を取得することでした。ウィルチェアーラグビーの練習に行くにしても自分で車を運転できないと家族に迷惑がかかるし、いずれは自分だけで好きなタイミングで外出できるようにならなければいけないと考えていたからです。

その頃は、手動装置で運転する自動車免許を取得するには、持ち込みで教習所に通うか、手動装置の自動車を常備している限られた教習所に通う必要がありました。ちょうど伯父が会社を定年退職したタイミングでもあったので、その伯父が片道約二〇分かけて僕を教習所まで送迎してくれることになりました。ウィルチェアーラグビーは基本的に障害者同士の集まりでしたが、健常者も多く通う教習所は、僕にとって社会復帰のデビュー戦となったわけです。

教習所では、まず適性検査から始まりました。運転席に座らされて教官から簡単な運転操作の説明を受けると、「では、教習所を一周だけ運転してみてください」と言われてさっそく実技テストに入りました。無事に運転できると、そこで初めて教習所に通う許可をもらうことができます。学科については健常者と同じ教室で授業を受けるので、車いすの僕はテーブルとテーブルの間のスペースに陣取らせてもらいました。伯父の協力があったおかげで毎日のように教習所に通うことができ、結果、わずか約一ヵ月半で運転免許を取得することに成功しました。いま思えば、車いすで外出することがまだ怖かった時期のわりには、自分でもよくやったと思います。もちろん、それもこれも、退職後の貴重な時間を僕のために費やしてくれた伯父のサポートがあってこそのことだと思っています。

## 車いすでの高校復学

その一方で、実家での新生活が始まって間もなく浮上したのが、高校への復学問題でした。僕がラグビーの練習中に事故に遭ったのは三年生の一学期のことです。つまり、そのときの僕はまだ高校を休学している状態だったのです。

でも、率直に言うと内心では復学は諦めていました。専攻していた建築学科の三年生の授業には実技系のものが多かったので、実技がほとんどできない僕が単位を取得することは現実的に難しいし、そもそもバリアフリーになっていない学校施設の中を車いすで移動すること自体が無理な話です。

それだけではなく、健常者ばかりの学校で自分だけが車いす姿でみんなの輪の中に入ったり、授業を受けたりする勇気など、とても持てる時期ではありませんでした。

学校側はとても熱心に復学を勧めてくれました。通学や卒業の条件についても教育委員会と調整したうえで、たとえば残りの単位をすべて座学で取得できるようにしてくれたり、授業内容を変えても出席することで単位を与えるなど、さまざまな便宜を図ってくれたのです。しかも、授業はみんなと同じ教室では負担だろうからと、学校内にある同窓会会館でのひとり座学を認めてくれました。さらには留年という扱いではなく三年間で卒業したというかたちで、一学年下の生徒たちと一緒に卒業できるという特別な条件も整えてくれました。

学校への通学についても、学校側で送迎の手配をしてくれるという話になりました。でも、さすがに毎回迎えに来てもらうのは僕も気が引けるので、自分で車を運転して通わせてもらうことにしました。このように学校がそこまで配慮してくれるのだから、僕もなんとか頑張って復学してみようという決断に至ったのでした。

これは後々になって痛感したことですが、あのときに高校に復学したことは、自分にとってとてつもなく大きな財産になりました。高校をしっかり卒業できたことで当

高校時代の仲間によるロンドンパラリンピック前の壮行会（上。中央が著者、右は佐光先生）。
下は川村先生と

時のラグビー部の仲間との関係も元通りになれたと思うし、川村先生や佐光先生とのつながりは、その後ウィルチェアーラグビーの世界で生きていくうえで、とても心強い〝人脈〟になりました。だから当時の高校の先生や関係者の方々には、とても感謝しています。

二〇〇一年三月。同級生こそいなかったけれど、僕は久しぶりに学生服を着て、一学年下の後輩たちと一緒に大阪府立布施工科高等学校の卒業式に出席しました。卒業式の会場は二階にある体育館でしたが、ラグビー部の後輩たちが僕を担いで階段を上がってくれました。そんなエピソードも含めて、高校の卒業式は自分の中でとても大切な思い出のひとつになっています。

## 他人の視線へのストレスから引きこもりに

ウィルチェアーラグビーに自動車運転免許取得、高校復学……。退院してからそういった課題を次々にこなしながらも、僕の中には車いすで本格的に社会復帰することにまだ大きな抵抗がありました。良かったことより悪かったことのほうがずっと多かったというのが、実際のところです。

自宅にいる間は、何かに失敗しても家族だけなので特に気にする必要はなかったのですが、やはり家の外に出るのは躊躇《ちゅうちょ》してしまい、とかく最初は外出そのものが不安と恐怖でした。

まず、トイレの問題がありました。ウィルチェアーラグビーの練習のときは障害者施設内なので気にする必要はないけれど、普通に街に出かけるときは、行き先に障害者用のトイレがあるかどうかを確認しなければなりません。当時の僕はまだ身体の機能の問題もあったので、外出先ではそれが大きな不安のひとつでした。

しかしそれ以上に怖く感じたのは、周りの人の目です。車いすで外出したときにいつも意識してしまう、見てはいけないものを見るかのような周囲の視線……。そう意識すればするほど見られること自体にストレスを感じるようになり、当時は帽子を深く被っていないと外に出られないほど人目を嫌っていました。

よく耳にした会話は、「お母さん、車いすの人だよ。大変だね」「じろじろ見ちゃだめ」という子どもと母親のやりとりです。子どもには罪はないので、いまでこそ「大丈夫ですよ」とひと言返すくらいの余裕と経験を身につけることができましたが、当時の僕はその会話を真に受けてしまい、かなり辛い思いをしていました。

外に出るたびに社会の厳しい現実を目の当たりにすると、次第に情緒不安定になり、日中の外出は激減していきました。気がつくと、ほとんど引きこもりに近い状態になっていました。

次第に学校へ通う回数も減っていくようになります。たまに行ったとしても先生やラグビー部のメンバーに会って「頑張って」と声をかけられるのが嫌だったので、ひっそりと同窓会会館に行って勉強し、誰にも見つからないように逃げるようにして家に帰るようになっていました。

## 人生で最悪の「何もしたくない一年間」

ウィルチェアーラグビーのほうも、順調にはいきません。平日の夜に行われる週一度のウィルチェアーラグビーの練習では、先輩たちとの差が開く一方でした。チーム内でいちばん若く、「期待のホープ」みたいな言われ方をしていたので、自分としては上達しようと必死ではあったのですが、なかなかフィジカルもスキルもレベルアップせず、劣等感を感じるようにもなっていました。もちろんその頃から日本代表やパラリンピックの存在は知っていましたが、当時の僕にとっては、自分とは遠くかけ離れた世界の話にしか感じられませんでした。

そんな状態だったため、二〇〇〇年一二月に初めて出場したウィルチェアーラグビー日本選手権でのプレー時間は、一試合につきわずか一〜二分という短さでした。チーム練習以外にも自主トレをするようになり、家の近所をダッシュするときは兄に手伝ってもらったり、高校のウェイトルームを使わせてもらうときは佐光先生のお世話になったりしました。とはいえ、当時の僕のレベルではそれが妥当な出場時間だったでしょうし、自分の努力が足りず、初めての公式大会で恩返しができなかったことを本当に申し訳なく思いました。

そして、その頃から直面するようになったのが高校卒業後の進路です。普通なら職業訓練学校に行くなどして社会に出る第一歩を踏み出すところですが、もはや当時の僕には次のステップを踏むエネルギーなどまったく残っていませんでした。

結局、親には「ここまで駆け足でやりすぎたから、一年だけ休ませてほしい」と自分の正直な気持ちを伝え、二〇〇一年春からは働くこともなく、何もしない一年を過ごすことにしました。

表向きには「自分を見つめ直すため」などと格好をつけてはいましたが、実際はただの〝プー太郎〟です。ウィルチェアーラグビーの練習だけは続けていましたが、それ以外の時間はネットサーフィンなどをして部屋に引きこもり、ただダラダラと毎日をすごすだけのつまらない生活を続けました。

それは、僕の人生の中で「黒歴史」ともいえる不遇の一年間でした。

# 5　僕を変えてくれたニュージーランド留学

## 「このままではあかん」という焦り

高校を卒業してからの〝ニート生活〟では、特に何もしていないはずなのに、時間だけがあっという間に過ぎていきました。

肝心のウィルチェアーラグビーの方も、プレーし始めた頃よりは確かに体力や筋力が向上したものの、成長している実感はあまりなく、目標にしていた先輩選手に自分が近づけるような予感もありませんでした。

そうこうするうちに秋が過ぎ、気づけばもう冬が到来していました。僕自身二度目の出場となった一二月の日本選手権でもパッとした活躍もできずに終わり、さすがにその頃には「このままではあかん」という焦りが出てきて、いよいよ本腰を入れて自分の進路について考えるようになっていました。

当時は、ウェストジャパンでの活動を通して先輩たちが実際に社会に出て働いている姿を目の当たりにし、とりあえず僕も職業訓練学校に通うつもりでいました。いくつか学校の案内パンフレットを抱えて高校の佐光先生にも相談し、具体的な入学手続き方法を確認しながら学校選びを進めていました。

そんな矢先のことでした。ウェストジャパンのスタッフの中に社会人ラグビー界に精通している人がおり、その人のつながりからオーストラリア留学の話が降って湧いたのです。

なぜ僕にそんな話が回ってきたのかというと、実はニート生活をしている中で漠然と海外留学への憧れみたいなものを抱くようになっていて、そのことを周囲にときどき語っていたからだと思います。

「オーストラリア留学の話があるんやけど、どうや？」

僕自身、まさか実現できるとは思っておらず、海外スポーツ留学ってカッコええなあ、という程度の話だったので、思いもよらぬチャンスの到来でした。

## 僕の留学を後押ししてくれた佐光先生

もちろん即答はできません。確かにウィルチェアーラグビーがもっと上手くなりたいと思っていたのは事実ですが、どちらかといえば海外でプレーすることのステイタスへの憧れという不純な動機の方が大きかったので、「行って大丈夫だろうか？」という迷いがあったからです。

まずは、日本ウィルチェアーラグビー連盟の塩沢康雄理事長に相談してみました。すると、今度は塩沢理事長から「ちょっと待て。留学するなら、オーストラリアよりニュージーランドのほうがいいんじゃないか」という、これまた思いもよらぬ提案を受けたのです。

塩沢理事長によれば、「オーストラリアはチームが広いエリアに分散していてウィルチェアーラグビーをする環境としては勧められない」とのことでした。それよりもニュージーランドのクライストチャーチに行ったほうが、多くの代表選手がプレーしているチームがあり、しかもメルローズ社というウィルチェアーラグビー用の車いすメーカーもあるので、もし車いすが壊れた場合はメンテナンスもしてくれるはずだというのです。

ニュージーランド留学の話を聞いたときに真っ先に頭に浮かんだのは、オールブラックス（ラグビー・ニュージーランド代表のニックネーム）の存在でした。高校までラグビーに夢中だった僕にとって、オールブラックスは憧れそのもの。ニュージーランドに行けばその姿を生で見られるかもしれないと思うと、もういてもたってもいられなくなってしまいました。

気持ちが前のめりになった僕は、すぐに職業訓練学校の入学相談をしていた佐光先生のところへ行きました。

「実は僕、ニュージーランドに留学しようと思っているんです。どう思いますか?」

「おお、ええやないか。行ってこい! だいたい俺のところに相談に来たんやなくて、行くって決めたから報告に来たんやろ(笑)」

ニュージーランドにコーチ留学をした経験がある佐光先生は、できるかぎりの協力をすると言ってくれて、気持ちをほぼ固めていた僕を後押ししてくれました。

## 家族の反対を押し切って

ところが、家族は僕の海外留学に反対の立場でした。

「海外って……。あんた、そんな健常者みたいなことができるわけあらへんやろ」

母がそう言うのも当然です。高校を卒業してからの僕は、周りに甘えてばかりで、口だけ達者で何もできないという有言〝不実行〟そのものでした。自分の考えを主張するくせに、それを実行に移すとなるとすぐに人に頼ってしまうという甘い人間になり下がっていたのです。

それはウィルチェアーラグビーの結果にも表れていたと思います。口では高い目標を掲げているくせに、そのわりに上達しない。兄に付き合ってもらって自主トレをしていても、そこに本当の意味での必死さがないから、大したレベルアップもできなかったというのが実際のところでした。半年以上もそんな「ポンコツ人生」を送っていた僕の姿を知る人からすれば、たったひとりで海外生活をするなんてことは想像できなかったはずです。

ただ、そんな不甲斐なさは自分自身でも痛いほどわかっていました。でもだからこそ同時に自分を変えたい、変えなければいけない、とも思っていたのです。

車いす生活が始まってまだ三年ほどしか経っておらず、しかも家から外にひとりで出かけることさえままならないのに、海外留学なんてもっての外と言われることはわかっていました。

ただ、結論からいえば、そこに途方もないギャップがあったからこそ、挑戦してみようと思えたのかもしれません。もちろん、頭の中のどこかには「こんな人生やし、もうどうなってもいいや」という破れかぶれな気持ちもあったと思います。見知らぬ外国で何か失敗したり、事故に巻き込まれたりしても、それはそれとして受け入れられそうな気もしていました。

それよりも、このまま人に甘えて生きていく日常のほうがずっと嫌だし、とにかくこのままではいけないという意識が、海外留学への不安をかき消してくれたのだと思います。

結局、反対を押し切るかたちではありましたが、自分自身が変わりたいという気持ちを伝えてなんとか家族を説得することに成功した僕は、まず塩沢理事長に留学したいという意志を伝えました。四月になった頃には、周囲に職業訓練学校には行かず今年はニュージーランドに留学する予定だという話をして、受け入れ先をアレンジしてくれていた塩沢理事長からの連絡を待つことにしました。

そして六月になるとようやく具体的に話が決まったという連絡が届き、翌月の出発に向けてバタバタと留学の準備を始めました。

とはいえ、パスポートやビザなど必要な準備をする一方で、現地の情報については調べると不安になるのでガイドブックも読まないようにしました。あくまでも目的は、ラグビーの国でのウィルチェアーラグビー留学です。もちろん英語は話せないとまずいとは思っていましたが、語学学校などの情報は現地に着いてから調べることにして、とにかく身体ひとつでニュージーランドに乗り込むことに決めていたのです。

健常者の海外留学でも事前準備を整えてから出発するものなのに、いま考えると自分でもかなり無茶なやり方でした。

## 受け入れ先も決まらないままの出発

二一歳の誕生日から約一ヵ月が経過した二〇〇二年七月二三日、必要最低限の準備だけを済ませた僕は、ついにニュージーランドのクライストチャーチに旅立ちました。留学期間は四ヵ月間。最初だけ、この話を進めてくれた塩沢理事長が同行してくれることになりました。

実は、心配させたくなかったので母には事前に伝えていなかったのですが、出発前の段階で現地の受け入れ状況はまったくといっていいほど整っていませんでした。まず、肝心のウィルチェアーラグビーについて、どこの現地チームで練習させてもらえるのかも決まっていませんでした。おまけに、ホームステイ先すら未定だったのです。

当初は塩沢理事長が今回の留学について相談していた車いすメーカーのメルローズ社の社長宅にホームステイさせてもらう予定でしたが、そちらにはすでに二人がステイしていて空き部屋がなく、到着後はとりあえず塩沢理事長とホテル暮らしをしながら、現地でもろもろ決めていこうという段取りだったのです。

それでも、僕の中では不安よりも期待のほうがずっと大きかったのを覚えています。車いすになってから飛行機に乗ったのも初めてなら、家族から離れての生活も初めての体験で、自分にとっては画期的な「冒険」そのものでした。

すると、到着してから奇跡的にバタバタと物事が決まっていきました。まず、メルローズ家でホームステイしていた人のひとりが帰国することになり、部屋が空いたために僕がそこを使わせてもらえることになったのです。

ウィルチェアーラグビーについても、自力で練習場所に来ることができるのならという条件付きで参加できることになりました。また、たまたま行った日本食レストランで英語学校を紹介してもらい、移動用の車については、購入先の中古車ディーラーで働いていた日本人の方のおかげで手動装置をつけてもらうこともできました。

到着してからたったの一週間で、僕はホームステイ先から愛車を運転して練習に参加し、英語学校にも通うというパーフェクトな環境を整えることに成功したのです。

まさしく、〝やればできる〟。そのときは、とにかくそんな行動力のある自分が嬉しくなり、愛車と一緒の写真を撮って「完璧やで！」というメッセージ付きのメールを母に送ったほどです。最後まで僕の海外留学に反対していた母も、さすがに驚いた様子でした。

僕の環境が整ったところで塩沢理事長も帰国することになり、いよいよ本格的な車いすでの単身海外生活がスタートしました。しかし、好調な出だしがいつまでも続くわけではありませんでした。「井の中の蛙」の前には、やはり大きな壁が待ち受けていたのです。

## 言葉と文化の壁にぶちあたる

留学生活に立ちふさがったいちばん大きな壁は、何といっても言葉の壁でした。出発前には少しは勉強したつもりでも、工業高校卒業レベルの英語力ではなかなかコミュニケーションがとれません。現地英語学校の授業にはとてもついていけず、しばらくすると練習でもホームステイ先でも学校でも、人と話をする機会がみるみる減っていきました。

文化の違いにも戸惑いました。それまで日本を出たことがなかった僕にとって、ニュージーランドは別世界です。彼らの生活スタイルや考え方は、日本人とはまるで違っていました。

たとえば、車いすで街を散歩していても、僕のことを気づいているはずなのにほとんどの人は素通りです。たまに「ＯＫ？」と声をかけられることもありましたが、僕が「ＯＫ、ＯＫ」と返すと、あっさりその場を立ち去っていきます。

これが日本であれば、「大丈夫ですか？　手伝いましょうか？」と必要以上に心配してくれるのですが、彼らは車いすの人をそれほど気にかけていないように見えました。日本ではあれほど人に心配されることが嫌だった僕も、さすがに最初の頃は「もうちょっと心配せいよ」と思ってしまうほどで、放置されることに違和感を覚えていたくらいです。

ウィルチェアーラグビーの練習でもそれは同様で、自分からアクションを起こして飛び込んでいかない限り、基本的にはほったらかしにされます。日本から留学して練習に参加している僕のことなどまったく気にかける様子もなく、彼らは彼らで練習を進めます。

僕自身もその頃は練習場に行って家に帰るだけで精一杯だったこともあり、とてもウィルチェアーラグビーのスキルを伸ばす状況にはありませんでした。

「このままでは、ほんまにあかん。日本にいたときと全然変わってないやん……」

クライストチャーチに来てから約一ヵ月が過ぎた頃、とうとう僕はガス欠状態に陥ってしまい、熱を出して寝込んでしまいました。

## 自分の意識を変える

「大見得を切って日本を飛び出してきたのに、何も変わってへん。一体、俺は何してんや……」

熱にうなされながらそれまでの一ヵ月を振り返り、自分なりに何がいけなかったのかをよく考えてみました。そこで行き着いた最大の原因は、日本にいるときと同じように受身になり、誰かに何かを与えられるのを待っている自身の姿勢でした。

ウィルチェアーラグビーを上手くなりたいから留学しているのに、自分でどんなふうになりたいか、どうしたいのかを相手に伝えなければ、教えてもらえるはずがあり

英語学校のクラスメイトと
（クライストチャーチ。前列右端が著者）

ません。また、文化を学びたいと思ったら、まず自分の持つ文化を伝えることから始まるわけで、英語力がなかなか上がらないのも自分から積極的にコミュニケーションをとろうとしなかったからだという結論に辿り着いたのです。

そこで、自分自身のマインドは大きく変わりました。

「三ヵ月後、いまのままの自分で帰国するなんて絶対できひん！」

そう誓った僕は、意識が変わったことを自分自身に植えつけるため、まず理容室に電話をして予約を入れました。そして、丸坊主頭の人の写真を見せて「これと同じようにしてください」と伝え、思い切りバリカンを入れてもらったのです。

そこから、僕のニュージーランドでの生活が再スタートしました。どこに行っても身振り手振りを使いながら拙《つたな》い英語で話しかけ、学校でも積極的に友だちに声をかけてディスカッションにも参加するように。ウィルチェアーラグビーの練習でも、「自分はこういうプレーをしたいから、教えてほしい」と伝えて居残り練習にも付き合ってもらえるようになりました。確かにはじめの頃は多少うっとうしいと思われたかもしれませんが、その効果はてき面《めん》でした。

英語の勉強にしても一日一〇時間くらい必死になって頑張ると、その成果が毎日のように実践の場で実感できるようになったのです。勉強すること自体が急に楽しくなってきました。

「自分から主張すれば、こんなに世界が変わるもんなんや！」

それまでとはまったく別人になった三阪洋行は、いつの間にかみんなから〝ヒロ〟

のニックネームで声をかけられる「愛されキャラ」に生まれ変わっていました。

## ハイレベルな練習が教えてくれたこと

自分の姿勢を変えたことは、伸び悩んでいたウィルチェアーラグビーのほうでも劇的な進歩をもたらしてくれるようになりました。

そもそも彼らがやっている練習内容のレベルとその厳しさについては、チームに参加した当初から驚いたものでしたが、僕も少しずつ彼らについていけるようになったことは大きな自信になりました。何より、日本では決して経験できなかったようなハイレベルかつ厳しい練習を重ねたことが、確実に僕を成長させてくれたのです。

たとえばフィジカルを鍛える練習では、二〇分のインターバル走を何度も繰り返したり、ひたすら八の字ターンを何本も続けます。あるいはロングディスタンスといって、基礎体力をつけるために七割から八割の力で、延々と長距離を走る練習もありました。

ニュージーランド代表の選手たちが黙々と厳しい練習を積んでいることを目の当たりにしたことで、あそこまで厳しく自分を追い込まないと世界のトップレベルでは戦えないのだということを知ることもできました。

また、ウィルチェアーラグビーにおける戦術のイロハを学べたことは、後々の僕にとって大きな財産になりました。当時の日本には、まだ個人の力量に頼った初歩的なプレースタイルのチームしか存在しておらず、オフェンス時やディフェンス時のコンビネーションプレーなど、チーム戦術といったものはほとんど見ることも知ることもできないという環境の中でプレーしていたのです。

ところが、代表選手を多く抱えるカンタベリー（クライストチャーチのある州）のチームでは、まったく異なる次元のウィルチェアーラグビーが行われていました。

## 自分の可能性に気づく

わかりやすくいえば、それは組織的ウィルチェアーラグビーとでもいうべきものです。オフェンス時には四人がセットを組んでゴールを目指したり、ディフェンス時にはシステムを構築して組織で守るというような攻守双方における組織的な戦術パターンがいくつも用意されており、それぞれのプレーの名称やそのメソッドを覚えることによって、個の力が相対的に低かった僕でもチームの歯車となって力を発揮できるようになったのです。

自分のポテンシャルと障害の程度から考えて到底辿り着けないと諦めていたレベルに、もしかしたら自分も到達できるかもしれないと想えたのはその時期でした。

特にウィルチェアーラグビーは組織でプレーするものだということを学んだこと、また組織的にプレーすればスピードやフィジカルがそれほどなくても、僕のようなミドルポインターの選手もトップレベルのプレーヤーと互角に戦えるということ……。

ウィルチェアーラグビーについて賢くなればなるほど、自分の可能性は無限大であると考えることができるようになり、そこで初めて自分も日本代表やパラリンピックを目指せるかもしれないと思えるようになったのです。

不思議なことに、そういう高い意識でウィルチェアーラグビーに向き合っていくと、どんなに厳しい練習でも逃げ出したいと思うようなことはなくなりました。むしろ自分からもっと教えてほしい、もっと練習させてほしいという積極的な気持ちになれたし、練習でヘトヘトに疲れた日も、ベッドに入るときは次の日の練習のことを考えるようになっていました。

その頃の毎日は、充実そのものでした。午前中に学校に行き、ランチを食べたら午後は図書館などで一〜二時間の英語の自習をします。夕方からは、週二回のチーム練習がある日はチームで練習をし、それ以外の日は自主トレとしてウエイトトレーニングやフィジカルトレーニングを積んでいました。

日本にいたときは家に引きこもってばかりで、今日を振り返ったり明日の予定を考えたりすることもありませんでしたが、ニュージーランドでは明日がくるのが楽しみで仕方がありませんでした。

## 全国大会での優勝を経験

留学生活もいよいよ終わりとなる四ヵ月目の一一月のことです。僕が出発前から目標にしていたウィルチェアーラグビーの大会が開催されました。

それはニュージーランドナショナルという全国大会で、僕が練習に参加していたカンタベリーは、Aチーム（一軍）とBチーム（二軍）に分かれて二チームが大会にエントリーしました。

僕たちのチームは、それまでオークランドやウェリントンなど各地域のチームとホーム・アンド・アウェイ方式のリーグ戦に参加していたのですが、僕はなぜか相手チームに放り込まれて試合に出ることがほとんどでした。もちろん試合に出させてもらうこと自体がすごい経験なので嬉しく思っていましたが、やはり心のどこかでは、いつかカンタベリーの赤と黒のジャージを着て試合に出てみたいという欲求が湧いていたのも事実でした。

するとと、ニュージーランドナショナルを二週間後に控えたある日の練習で、コーチから僕をBチームにエントリーすることを伝えられたのです。

「やった！　ついにカンタベリーの一員として試合に出られる！」

帰国直前に行われる大きな大会で、ようやく念願叶って赤黒ジャージを着て公式戦に出場するチャンスをつかんだ僕は、心の中で大きくガッツポーズをしました。さすがに世界トップクラスが揃うAチームは無理だとしても、ずっと一緒に練習してきた仲間たちと同じチームで試合に出られること自体が、僕の中ではものすごく画期的なことでした。厳しい練習を積んできたことが無駄ではなかったと、この四ヵ月間の自分の努力が報われた喜びをかみしめることができました。

しかもいざ大会が始まると、僕はBチームのレギュラーとしてプレーさせてもらえたのです。そして、下のディビジョンのリーグではありましたが、見事にそのディビジョンの優勝を飾ることができました。大会の表彰式で、優勝の盾をもらってみんなで記念撮影したときの感動は、口では言い表せないほどのものでした。

著者（前列左から２番目）が参加したカンタベリーＢチーム

ニュージーランドナショナルの試合風景

僕個人のプレーも上々だったと思います。試合をしていて実感したのは、やはり自分自身の成長でした。日本でプレーしていた頃とは比べものにならないほどのレベルのプレーをできるようになっていましたし、スキル、フィジカル、メンタル、そしてウィルチェアーラグビーの考え方そのものが、大きく変わっていました。

何より、Bチームとはいえカンタベリーの代表としてプレーできたことは、自分にとって大きな誇りにもなりましたし、プレーヤーとしての大きな自信にもつながったと思います。

大会翌日には、ホストファミリーが帰国を控えた僕のために、フェアウェルパーティーを開催してくれました。嬉しかったのは、大会で初めて会った人、それまで一度しか会ったことがなかった人など、本当に大勢の人たちがパーティーに来場してくれて、僕を見送ってくれたことでした。

留学して最初の一ヵ月のことを考えると、それは信じられないような時間と空間でした。パーティー中は翌日に帰国するという寂しさとみんなの温かさに触れた感動とが渦巻いて、ほとんど泣いてばかりだった僕でしたが、あとで振り返ると、そのパーティーこそが僕の過ごした四ヵ月の集大成だったような気がします。

## ニュージーランドで変わった障害への考え方

パーティーが終わると、最後の夜を迎えた僕は、ひとり静かに部屋の荷物をまとめて帰国の準備をしました。

あっという間の留学生活がフィナーレを迎えた寂しさはありましたが、この濃密な時間を過ごしたおかげで、自分が期待していた以上に変われた満足感が、寂しさをはるかに上回っていたことは間違いありません。

大げさに言えば、その四ヵ月間が僕の人生を変えてくれたと言っても過言ではないと思っています。

特に障害を持って生きていくことに対する考え方が、大きく変わったのです。

それまでの僕は障害で失ったものを基準にして、そこから自分にできることを探していました。でもそうではなく、自分に残された可能性を最大限に引き出しながら生きていくという姿勢を学びました。

健常者と同じようにできることを数えるのではなく、健常者と同じようにはできないけれど、車いすでもそれと同じようなことをするにはどういう方法があるのかを考えることのほうが、ずっと有益だということです。

もちろん、時間のかかり方や道具を使うか使わないかなど、障害者なりに工夫をすることも必要になるでしょう。でも、工夫さえすれば健常者と同じようなことができるという認識を持つことが、前向きに生きていくための第一歩だと思うのです。そのことを教えてくれたのが、ニュージーランドの人々だったのです。

ニュージーランドに来たとき、現地の人たちが車いすに乗っている僕を拍子抜けするほど素通りすることにびっくりしたことは前に触れました。でもそれは、彼らが僕のような障害者に接するときの基本的な姿勢で、「自分でできるなら自分でやりなさい。もしできないなら手伝いますよ」という意味だったのです。そこには、障害者にはできないという前提で「大丈夫ですか？　手伝いますよ」という姿勢はありません。

一見冷たく感じられるかもしれませんが、そういうごく自然な接し方をしてくれたことで、僕自身も自分にできることは何かという視点からものごとを考えられるようになれたのです。「目から鱗が落ちる」とはこのことで、同時に、僕のことを尊重してくれる彼らの考え方とスタンスが、すごく嬉しく感じられました。

おそらく、そういった環境の中に身をおき、悪戦苦闘しながら必死に頑張ったことで、考え方を大きく変えることができたのだと思います。

## 「夢を叶えるためには、まず夢の追い方を知る必要がある」

ウィルチェアーラグビーというスポーツに対する考え方もそうでした。

それまでの僕は、どこかでウィルチェアーラグビーは障害者のスポーツという認識を持ってプレーしていました。つまり、無意識に「自分は障害者なんだから、何をやったって健常者のようにできなくて当たり前」と勝手に枠を決めていたのです。

　でも、自分の考え方が変化する中で、障害があっても車いすに乗ればこれだけ激しいスポーツができる、もっと言えばラグビーができる、という認識に変化しました。つまり、自分に残された可能性を最大限に生かしてプレーするスポーツが、僕にとってのウィルチェアーラグビーなのだと、考えることができるようになったのです。

　そしてもうひとつ。ニュージーランド留学は、プレーヤーとしての大きなターニングポイントにもなりました。

　パラリンピックに出場しているプレーヤーたちと日常的に練習し、また友人として接する中で、僕の中にパラリンピックを目指すための明確な〝ものさし〟を手に入れることができたことは、その後のキャリアに大きな影響を与えたと思います。

　もちろん僕もこのスポーツを始めたときからパラリンピックに対する憧れはありましたが、実際にその舞台を知っている人と出会ったこともなかったので、パラリンピックは夢のまた夢、自分にとっては関わりのない、遠い世界の話でしかありませんでした。

もしあのまま日本で何となくウィルチェアーラグビーを続けていたら、普通に就職して、そのうちその夢はフェイドアウトしていたかもしれません。いや、その可能性は大だったと思います。

でも、周りに無謀とも無理とも言われながらも思い切ってニュージーランドに飛び出してみた結果、パラリンピックを目指すためにはもうひとつもふたつも枠を飛び越えていかなければ、絶対にそこには辿り着けないということを知ることができました。「夢を叶えるためには、まず夢の追い方を知る必要がある」のだという、とても大切なことを教えてくれたのも、この四ヵ月間のニュージーランド留学でした。

パーティーの翌日、帰国便に乗り込んだ僕は、帰国後に待っている自分の未来への大きな期待を感じていました。機内ではホストマザーから手渡された手紙を読んで涙を流し、ひとりの日本人障害者による一世一代の大冒険は、まるでドラマのワンシーンのように美しく、その幕を閉じることとなりました。

# 第3章

# 目指せ！ 東京パラリンピック、そしてその先へ

## ――続く日本代表コーチとしての新たな冒険――

# 1　アシスタントコーチとして二〇一六リオ大会へ

## ついに現役を退く

二〇一二年九月……。

ロンドンの地で、失意のうちに自身三度目のパラリンピック大会を終えた僕は、約一〇年間にわたって自分のすべてを捧げてきた日本代表から退くことを固く決心したのでした。

もちろん、メダル獲得という最大の目標が叶えられなかったので、悔いがないと言えば嘘になります。ただそのときに、自分が日本代表でやるべきことはすべてやり尽くした、という気持ちになったことは間違いありません。

　ロンドンパラリンピック後は、思う存分に自分のチームでウィルチェアーラグビーを楽しむことができました。その楽しさは、何か目標に向かって必死になって頑張る楽しさと違い、初めてウィルチェアーラグビーをプレーしたときのような、もっと純粋な楽しさだったと思います。

　何かに縛られたり、必要に迫られたりしてプレーするのではなく、「自分がやりたいからやる」という感覚で向き合ったウィルチェアーラグビーは、心の底から楽しいスポーツだと実感することができました。

　とはいえ、ニュージーランド留学以降、いつも目標を抱きながら走り続けてきた僕は、何も目指すものがない状態にどっぷりと浸かっていることはできませんでした。

　仕事の面では、二〇一一年から勤めるようになったバークレイズ証券で、仕事の楽しさや充実感を覚えていたことは事実ですが、一方のウィルチェアーラグビーにおけるセカンドキャリアをどうしていくかという問題は、まだ自分の中で確固たる結論を見出すことができていなかったのです。だからその時期は、日本パラリンピック委員会の人と交流しながら障害者スポーツ全体に関わってみたり、パラリンピアンズ協会という選手会組織に入って他競技のアスリートとの親交を深めたり、とにかくいろいろな方面に活動の幅を広げながら〝自分探し〟のようなことをしていました。

## コーチのオファーを受ける

そんな折の二〇一四年九月、ひょんなことから日本代表Bチームのヘッドコーチをやってほしいというオファーが僕のところに舞い込んできました。

ことの経緯はこういうことです。

ロンドンパラリンピック後、日本代表のヘッドコーチを務めていたカナダ人のアダム・フロストさんが契約満了により退任したため、それまでアシスタントコーチだった荻野晃一さんがヘッドコーチに昇格しました。そのタイミングで初めてジャパンパラ競技大会にウィルチェアーラグビーが競技エントリーされたのですが、参加チームが日本とカナダしかなかったため、両国代表をAとBの二チームに分けてリーグ戦を行うことになったのです。

そこで、日本ウィルチェアーラグビー連盟としては、一軍にあたるAチームのヘッドコーチは荻野さんにまかせることとし、Bチームを率いるべき代表アシスタントコーチが不在だったことから、僕にその役目を担ってほしいという結論に至った、ということでした。

「いやいや、僕はコーチなんてやったことないですから」

最初にその話を聞いたときは、ただただ突然のオファーに驚くばかりでした。

それまでの僕は、初心者の若手プレーヤーを集めて基礎を教える入門キャンプ的な場での指導経験はあったものの、それはあくまでもウィルチェアーラグビーの普及に主眼を置いた初歩的な指導にすぎませんでした。

そのときに指導することの楽しさを少しだけ感じてはいたけれど、コーチとして本格的に指導したいとは考えたこともありませんでした。そんな自分が、Bチームとはいえ、いきなり日本代表のプレーヤーを相手に指導などできるはずがない……。そんなふうに、否定的にしか考えられませんでした。

ただ、詳しく話を聞いていくうちに、Bチームは育成合宿のメンバーがほとんどだということ、Aチームから移ってきたプレーヤーは現役時代に気の知れたメンバーだったこと、そして何よりも、Aチームと違って勝たなければいけないというプレッシャーを感じることなくチャレンジャー精神で戦える、といういくつかの事情があり、求められるものが高くないのであればやってみようと、やや軽い気持ちでそのオファーを受ける気持ちになったのです。

安請け合いという言葉は悪いですが、少なくともそれがきっかけとなって、僕は指導者としての第一歩を踏み出すことになりました。

もちろん、まだそのときはこれが自分のセカンドキャリアになるとは思ってもいませんでした。

## 選手たちの顔つきが変わった瞬間

日本代表Bチームのヘッドコーチを引き受けることが決まったあとは、まずメンバーそれぞれの特徴をパソコンのエクセルファイルに整理して、プレーヤー同士の組み合わせを考えることから着手しました。

「この選手とこの選手を組み合わせてみると……。うん、これは意外と相性いいんとちゃうか」

事前準備をスタートしてみると、ヘッドコーチの仕事の楽しさを少しずつ感じ始めている自分に気づきました。

「でも、このBチームの選手たちってどんな気持ちで参加してくるんやろか？ 若手はチャンスだと思って気持ちは高ぶっているはず。逆に、Aチームを外れた選手たちは、きっと『俺たちはこっちに回されたのか』というネガティブな気持ちなんやろうな……。よし、まずは選手に同じ方向に向いてもらうために、冒頭のミーティングで一度引き締めておいたほうがええな」

僕としては、チームの基幹となる人員を経験のあるベテランで構築し、そこに意欲満々の若手を組み込むことで短期決戦用のチーム作りをしたいと考えたのです。

そして、対戦相手の分析をして各試合の戦い方を練り上げたあとは、それをパソコンのパワーポイントでわかりやすくまとめて、プレーヤーたちの前でプレゼンテーションします。試合までの練習機会は一度だけなので、難しい戦術などは避け、できるだけシンプルに的を絞ってチームとしての戦い方を説明しました。

また、その大会のチーム目標を「日本代表Aチームと決勝戦で戦うこと」と伝えたうえで、それに向かってチーム全員が団結しようという話をして、ミーティングを締めくくることにしました。

すると、選手たちの顔つきが見る見るうちに変わっていくのがわかりました。それと同時に、選手たちが僕のことを信頼し始めていることも伝わってきたのです。

「これはなかなかの好感触……」。結果的に細かい戦術を二の次として、チームの雰囲気作りに重きを置いたのが大正解でした。

いざ蓋を開けてみると、チームは上々のパフォーマンスを見せ、プレーヤーのみんなはアグレッシブにコート内を躍動してくれました。さすがに決勝進出とまではいかなかったものの、最後の三位決定戦ではカナダ代表Bチームにしっかり勝利を収めることに成功しました。

## 指導者の仕事の面白さに目覚める

しかも、当初から僕自身の中で決めていた「チーム全員に出場機会を与える」という目標もクリアしました。自分自身がロンドンパラリンピックで味わった苦い経験を、今度はヘッドコーチの立場から生かすことができたのでした。

「ヘッドコーチって、こんなに楽しいもんなんや」

短期間ではありましたが、初めて経験したヘッドコーチの仕事は、楽しくて仕方がありませんでした。

はじめはバラバラだった個々のプレーヤーたちを自分の指導によって同じ方向に仕向けながら、チームとして短期間で成長していく姿を見守る快感は、選手時代には味わったことのないものでした。初めての指導経験がそんなふうだったのですから、それをきっかけに、僕が指導者の仕事の面白さにのめり込んでしまったのも当然です。

ジャパンパラの三位決定戦を終えたあとの最後の挨拶では、思わず涙を流しながらチームのみんなに感謝し、労いの言葉をかけました。さすがにプレーヤーたちは「なんでお前が泣いてんねん」と不思議に思ったようでしたが、でも、僕にとっては涙が出るほど嬉しかったのです。

大会を終えると、日本ウィルチェアーラグビー連盟から新たなオファーが届きました。それは、日本代表のアシスタントコーチに就任してほしいという話でした。

ロンドンパラリンピック後、なるべく代表チームとは距離を置くようにしていた僕でしたが、わずか二年足らずでその気持ちはあっさり変化していました。

アシスタントコーチとして再び日本代表に復帰することにもはや躊躇はなく、今度はコーチングスタッフの一員として、本気でパラリンピックのメダルを目指してみたいという意欲が全身にみなぎっていたのです。

「選手としてはできひんかったけど、コーチとしては絶対にパラリンピックでメダル獲得を実現したる」

そこから、アシスタントコーチとして二〇一六年リオデジャネイロ大会を目指す、新しい冒険が幕を開けたのでした。

## 「コーチとは何ぞや」

そうは言っても、本番までに残された時間はたったの二年。確かにジャパンパラではチームの雰囲気作りに関して自信をつけることができた僕ですが、さすがにウィルチェアーラグビーの細かな戦術など、プレー面に関して深い理解を持ち合わせていたわけではありません。

だから日本代表アシスタントコーチになって最初に感じたことは、「アダムがヘッドコーチだった時代に、もっと積極的に代表に絡んで、少しでも多く彼からコーチ学みたいなものを盗んでおけばよかった」という後悔の念でした。

少なくともそのときのチームは前任者のアダム時代のプレースタイルを踏襲していたので、僕のアシスタントコーチとしての最初の仕事は、まずプレー面についての理解を深めることから始まりました。

決めたからには何事も全力で挑むというのが僕のモットーでもあるので、それ以降は理想と現実の狭間で日々葛藤しながらも、常にアシスタントコーチとして自分がチームのためにできることは何かを考えながら、猛烈にコーチの勉強に励みました。

たとえば高校時代の監督に会って当時の話を聞いたり、人づてに清宮克幸さん（ジャパンラグビートップリーグのヤマハ発動機ジュビロ現監督）にお会いして指導のあり方についての話を聞かせてもらったり、あるいは日本ラグビーフットボール協会が主催する三泊四日の若手コーチ合宿に参加し、健常者に交じってひとり車いすで朝六時半から夜一一時までコーチ学を猛勉強したり……。

その他にも、いろいろなスポーツの監督の本を読み漁るなどして、残された時間の中で、「コーチとは何ぞや」という部分を重点的に学びました。

まるで突貫工事のような詰め込み方でしたが、次第に効果は表れ、代表チーム内での僕の役割はどんどん広がっていきました。やがて荻野ヘッドコーチと役割分担をしながら、本番が近づいた頃には対戦相手のスカウティングやメンバー選びを任されるまでになり、アシスタントコーチとして飛躍的な進歩を遂げることができました。

いま振り返っても、自分でもよくやったと思います。ロンドン大会を終えたときは、日本代表から退いて少しゆっくり休みたいと考えていたはずなのに、こうもあっさり再び目標に向かって走り続けることになろうとは思いもしませんでした。つくづく僕は、立ち止まっていられない人間なんだと痛感しました。

ただ、メダル獲得を目指して走り続けた毎日は、苦しいながらもどこかでそれを上回る喜びや充実感があったことは間違いありません。おそらくそれは、選手時代から僕の身体に染みついていた習性のような気もします。

## 金メダルの夢が消えた準決勝

二〇一六年九月七日。

ウィルチェアーラグビー日本代表にとって、二〇〇四年アテネ大会から数えて通算四度目のパラリンピックが、いよいよブラジルのリオデジャネイロで開幕しました。

当時の日本のランキングは世界三位につけていました。ランキング通りにいけば銅メダルとなるわけですが、僕たちの目標はやはり「金メダル」で、実力的に見ても十分にそれを実現するだけのポテンシャルはあったと思います。

果たして、スウェーデン、フランス、アメリカとの予選ラウンドでは、かつてないほど順調な滑り出しを見せることができました。

まず九月一四日に行われた初戦のスウェーデン戦は、五〇対四六での白星スタートとなりました。続くフランス戦は多少手こずった場面もありましたが、それでも最終的には五点差をつけて勝利を収めることができました。

過去三度のパラリンピックでは連勝スタートを切ったことがなかったので、今度こそメダルを獲れるかもしれないという強い期待感をチーム全体で共有できていたと思います。

しかし僕たちの前に立ちはだかったのは、またしても宿敵アメリカでした。

試合内容としては、日本にとって狙《ねら》い通りの戦いができて、あのアメリカを延長戦にまで追い詰めることはできました。

ところが、最後の一二秒で同点に追いついた直後、一瞬の隙を突かれて素早いカウンターを食らってしまい、残り四秒というところでリードを許してしまったのです。

もし大敗を喫したなら選手も責任を問われる必要はあると思いますが、僕の中では、接戦を落とした場合はコーチングスタッフの責任だと考えているので、最後は悔やんでも悔やみきれない痛恨のシーンとなってしまいました。

「選手たちは命を燃やして戦ってくれたのに……。最後の一二秒のところでタイムアウトをとって、ひと言プレーヤーたちにゴール後のトランジション（攻守の切り替え）を意識させることができていれば……」

結局、日本は二位通過で準決勝に進出することはできたものの、対戦相手はもうひとつのグループを首位通過した難敵オーストラリアになってしまったのでした。もしアメリカに勝って首位通過していれば、準決勝はオーストラリアよりも与《くみ》しやすいカナダが相手でした。それを考えると、アメリカ戦の最後の場面はコーチングスタッフのひとりとして大きな責任を感じました。

迎えた準決勝は不安が的中した格好となり、相手に肉薄しつつも五七対六三でオーストラリアに敗れてしまったのです。

## 最後のミーティングに用意した切り札

それまで金メダルを目指して日々努力を重ねてきたプレーヤーたちは、本当に悔しかったことでしょう。その夜、選手ミーティングで号泣した人もいたそうです。

当然、そんなプレーヤーたちの願いを叶えてやれなかった僕だって、悔しくて仕方ありませんでした。ただ、アシスタントコーチはそんな悔しさに浸ってばかりはいられません。なぜなら、翌日午前九時から始まるカナダとの三位決定戦のために、最後のミーティングの準備をしなければならないからです。

夜一〇時に始まったミーティングでは、カナダの分析と戦い方のポイントをシンプルに説明しました。そして、事前にマネージャーに用意してもらった二種類のモチベーションビデオのうちのひとつを、そのミーティングの最後に上映しました。

ひとつはカジュアルな感じの映像、もうひとつはチームが苦しいときに使える切り札的な映像で、そのときに上映したのは後者のほうでした。それは、ロンドン大会の敗戦のシーンから始まり、この四年間に頑張ってきたシーン、そしていろいろな人が自分たちを応援してくれているシーンなどがバックミュージックとともに編集された感動作でした。

モチベーションビデオとは、重要な試合の前などに選手たちに観てもらうストーリー仕立ての短編動画で、心理学的な手法を用いながらやる気（モチベーション）を高める効果を狙うものです。

実は、このモチベーションビデオの効果を知ったのは日本ラグビーフットボール協会の若手コーチング合宿でのことで、ぜひリオ大会用に最終兵器として持っていこうと決め、マネージャーに依頼しておいたものでした。

僕にはこれさえあれば絶対に勝てるという指導哲学が不足していたので、プレーヤーたちをベストな状態で送り出すために何ができるかを自分なりに考え、最後のミーティングでこれを使ってみようと準備しておいたのです。

その効果がどれほどだったのかはわかりませんが、ビデオを観て涙を流す人、ありがとうと言ってくれる人もいました。僕も、その五分間の映像が準決勝に敗れて落ち込んでいたプレーヤーたちを、もう一度奮い立たせてくれたと感じました。

翌朝六時、選手村からバスに乗り込む選手たちの顔を見ると、みな最後の試合に臨むに相応しい、いい表情をしていました。敗戦から気持ちを切り替えることができて

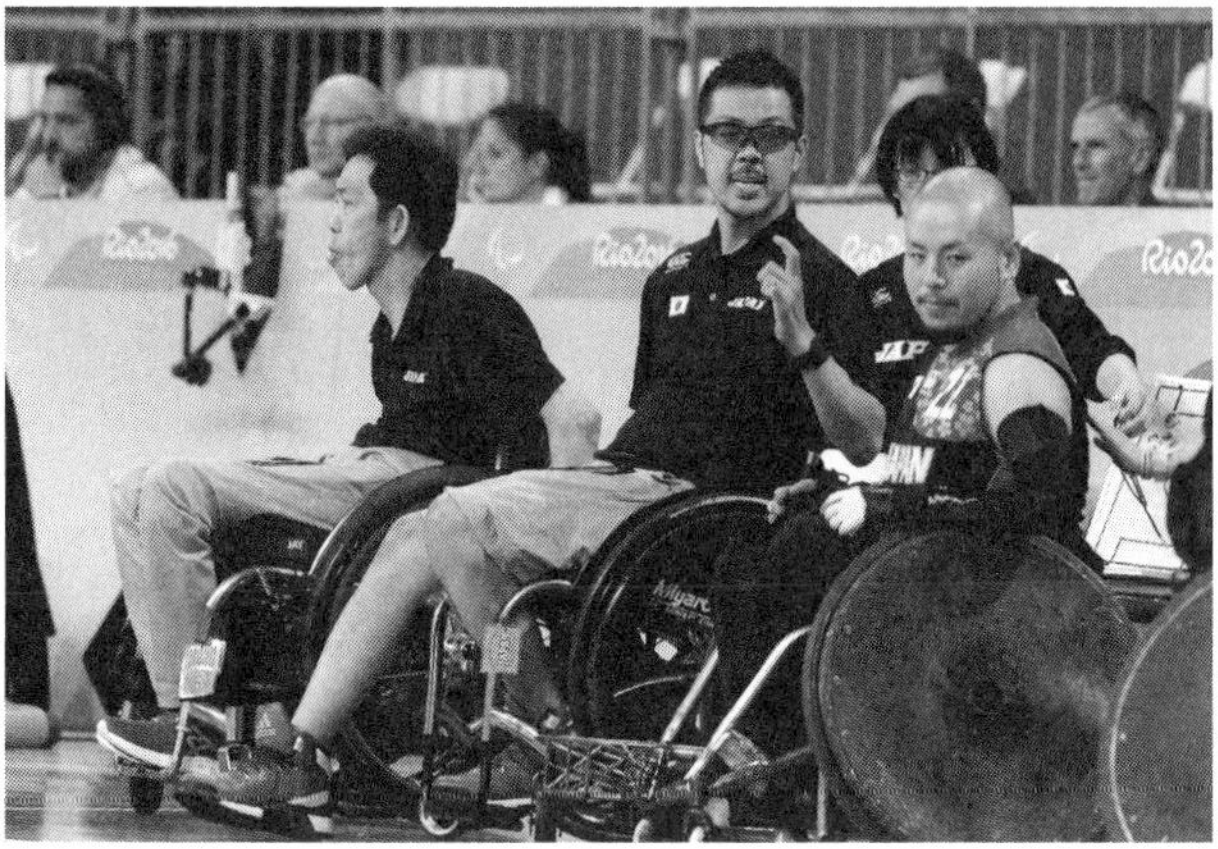


コートの選手に指示を出す著者（中央。リオパラリンピックの対アメリカ戦）　撮影　MA SPORTS／吉村もと

いた選手たちを見て、「これはいけるかも」と僕の中に期待感が湧いてきました。

## コーチとして立ち会えた「歴史的な一戦」

迎えた運命の三位決定戦は、本書冒頭のイントロダクションで触れた通り、僕にとって一生忘れることのできない最良の思い出になりました。

もちろん、楽に勝てたわけではありません。さすがにカナダもウィルチェアーラグビーの強豪国のひとつに数えられるだけあって、接戦が続いたその試合は最後の最後までもつれ、終わってみればわずか二点差での勝利でした。

でも、どんなかたちにせよ、薄氷の勝利から日本ウィルチェアーラグビー日本代表がパラリンピック初の銅メダルを手にしたのです。プレーヤーたちは、よくぞ前日のショックから立ち直ってくれたと思います。

試合終了のホイッスルがおよそ一万人の観衆で埋まったカリオカアリーナに響いたとき、僕は人目をはばかることなく泣き叫んでいました。ことあるごとに涙を流してきましたが、そのときの涙は一点の曇りもない、喜びと感動の涙だったことは間違いありません。

振り返ると、四年前は一秒もプレーできずに四位で終わり、もうパラリンピックに出場することはないとすら思っていたのに、今度はアシスタントコーチという違った立場でパラリンピックに参加することができました。

しかも参加にとどまらず、それまでどうしても叶えられなかったメダル獲得に貢献させてもらうことができ、この歴史的な場面に立ち会えたのですから、どこか不思議

３位決定戦開始前に円陣を組み、選手たちを鼓舞する著者
(中央奥)

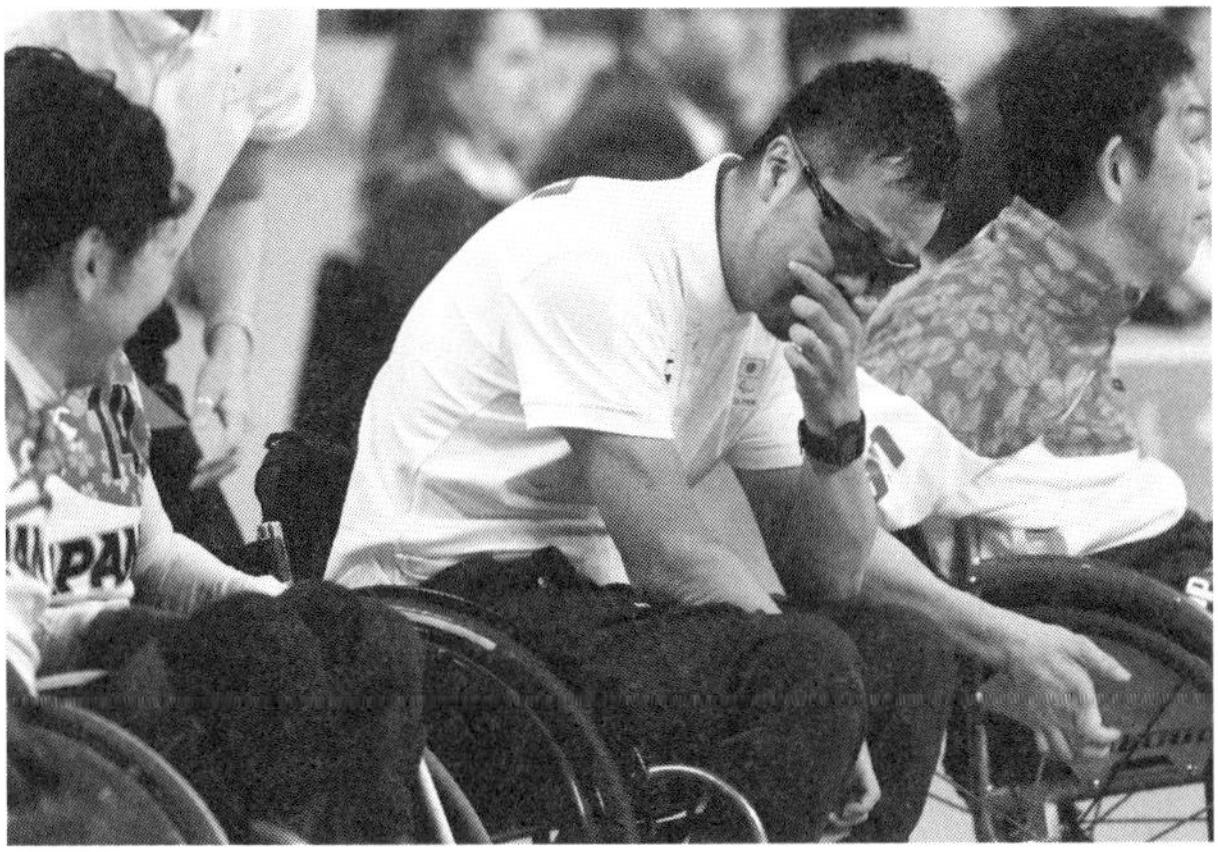
３位決定戦の終了まぎわ、勝利を確信して感極まり、涙ぐむ著者
撮影　上下とも MA SPORTS ／吉村もと

な気もしました。

そして、そのチャンスを与えてくれたウィルチェアーラグビーというスポーツと、僕を支えてくれた妻や子ども、ずっと心配ばかりかけてきた両親と姉と兄には、特に感謝の気持ちでいっぱいになりました。

自分はこの二年間で何ができて、何ができなかったのか。リオデジャネイロからの帰路、コーチとしての自分自身の反省点を改めて整理してみました。

本来ならば、資格や経験を持ってから受けるべき代表のコーチングスタッフをまかせてもらい、多少は変則的な階段の駆け上がり方ではありましたが、未熟な自分でもそれなりに指導者として力添えすることができた、という達成感はありました。一〇〇パーセントではないにしろ、何パーセントかの貢献はできたのではないかと安堵しています。

ただ、みんなが望んでいた金メダルに届かなかったのは、動かしようのない事実です。そのことを考えると、あらためて自分の未熟さを痛感しながらも、同時に、いつの日かその目標を達成したいという新たな野望が生まれてくるのです。

## 2 東京パラリンピック、そしてその先へ

### 働きながらウィルチェアーラグビーの指導、普及に取り組む

銅メダル獲得というすばらしい成果を収めたリオデジャネイロパラリンピックが終了すると、コーチ学を突貫工事で詰め込みながら実践してきた約二年間のプレッシャーから解放され、少しばかり穏やかな毎日が戻ってきました。とはいえ、相変わらず家族とのんびり過ごす時間は少なく、現在も何かと忙しい日々を送っています。

まず僕の生活のベースとなっているのは、勤務先のバークレイズ証券の社員として働くことです。基本は事務職ですが、社員として講演などを積極的に行って社会貢献

することも重要な任務のひとつとなっています。

ロンドンパラリンピック後に僕が日本代表から退いたときは、会社との雇用契約も終了するのではないかと少し不安もありましたが、会社側はアスリート以外の部分でも僕の仕事ぶりを評価していると言ってくれました。

ひとりの社員として評価してもらえたことはとてもありがたかったし、まだ日本ではそのように〝懐の深い〟企業は多くないと聞くので、僕の働きぶりを認めてくれた会社にはとても感謝しています。

その他、日本ウィルチェアーラグビー連盟では強化本部に所属して、代表チームの活動や年間強化戦略の策定などに携わる一方、日本ラグビー協会の安全対策委員会の委員としても三ヵ月に一回の委員会に出席するようになりました。健常者ラグビー界が抱えている事故の問題やその後のケアといった部分に少しでも貢献できるよう、経験者として自分なりに努力をしています。

また、パラリンピックに日本代表として出場した経験のある有志の選手会である、日本パラリンピアンズ協会の理事としても活動させてもらっています。

二〇〇三年に発足したこの団体は、イベントや講演などを通じてパラリンピックへの理解を深めるための啓発活動や勉強会をしたりして、パラアスリートやパラリンピックを取り巻く環境を改善していくことを目的としています。特に現在は二〇二〇年東京パラリンピックが目前に迫っているため、僕も積極的に活動して貢献できるように尽力しています。

確かに多忙な毎日ですが、どの仕事も僕にとっては大切で有意義なものなので、手を抜くわけにはいきません。さすがにスケジュールを詰め込みすぎて、自分でもげんなりしてしまうこともなくはないのですが、そういった活動を通じて、疲れを吹き飛ばしてくれるようなすばらしい出来事に巡り合えることもあります。

## 世界的レジェンド、リッチー・マコウさんとの出会い

たとえば、二〇一七年五月に憧れのリッチー・マコウさんと同じイベントに参加で

きたことは一生の思い出になりました。

マコウさんは、オールブラックス（ニュージーランド代表）が史上初の大会二連覇を達成した二〇一五年ラグビーワールドカップで現役を引退した、当時の名キャプテンです。ラグビーファンなら世界で知らない人はいないというくらいの超大物で、スポーツ界の世界的レジェンドのひとりです。

そのマコウさんが東北地方のチャリティ活動のために来日し、その一環として都内でトークイベントを行ったのですが、僕もウィルチェアーラグビーの普及活動を兼ねて他のいろいろな競技の有名選手や元選手と一緒に、そのイベントに参加することになったのです。

これも何かの巡り合わせということなのかもしれませんが、それまでは自分とは遠くかけ離れた世界の人だと思っていた憧れの人物と、まさか同じイベントに参加させてもらう機会が訪れようとは思いもしませんでした。だからその日は朝からそわそわしてしまい、マコウさんに会ったらどんな話をしようかといろいろ考えながら、興奮

著者の指導でラグビー界のレジェンド、リッチー・マコウ氏もウィルチェアーラグビーを初体験（上）。下は子どもたちにプレーの仕方を教える著者。「チャリティスポーツシンポジウム in 世田谷」（Support Our Kids 実行委員会主催）にて
撮影　高島宏幸

気味でイベント会場に向かいました。

実際にお会いしたマコウさんは予想していた以上にすばらしい人で、感動的な時間を過ごすことができました。

しかも、イベントの前には楽屋で少し会話をする機会があり、僕がクフイストチャーチに留学したこと、高校までラグビーをやっていたこと、練習中の事故のことなどを話して、最後はツーショットの記念撮影にも気軽に応じてくれました。

イベントではマコウさんも実際に競技用車いすに乗って、ウィルチェアーラグビーにチャレンジし、その楽しさと魅力を来場者に嬉しそうに話してくれたときは、ウィルチェアーラグビーをやっていて本当によかったと思いました。

これも、ウィルチェアーラグビーに取り組み続け、自分なりにその世界のトップを目指して頑張ってきたからこそ、巡ってきた機会なのかもしれません。

こうした貴重な経験をさせてもらえることもあるので、必要とされる限り、どんなに忙しくてもいろいろな方面での活動を精力的に続けていきたいと考えています。

## ウィルチェアーラグビーを全国に

もちろん、ウィルチェアーラグビーも現役で続けています。日本代表でのプレーは ロンドンパラリンピックを最後に退きましたが、クラブチームでのプレーを辞めたわけではありません。

現在は、二〇一七年四月に僕が中心となって創設した東北ストーマーズのプレーイングマネージャー（選手兼ヘッドコーチ）として活動しており、以前ほどではないにせよ、自分なりに一生懸命プレーしています。

経験上、ただ楽しんでプレーすればいいという姿勢でやっていても、本当の意味での楽しさにはつながりません。このチームは東北地方におけるウィルチェアーラグビーの普及という意味を含めて結成されたこともあり、自分の経験を多くの若手プレーヤーたちに伝えることを大切なミッションとして一緒にプレーし、また指導するように心がけています。

ストーマーズは福島、岩手、宮城、そして僕のような関東と、プレーヤーたちの生活拠点が遠く離れているため、頻繁に集まることができないという事情はありますが、それでも月に一回か二回は福島に集まって週末の合宿形式で練習をしています。またそれ以外にも、関東組と東北組のメンバーがそれぞれ集まって練習を積んでいるので、それなりにチームとしてのレベルアップもできていると感じています。最近は福島県から一五歳の若手が加入するなど、これから伸びていきそうなプレーヤーも多いので、僕としては近い将来に日本選手権の決勝戦に進出できるくらいのチームに育てていきたいと目論んでいます。

もっとも、その頃に自分がプレーヤーとして主軸を担えているのか、それとも若手が経験を積んで成長することでコーチ業に専念することになっているのかはわかりません。どちらにしても、ストーマーズの将来が楽しみであることに違いはないと思って頑張っています。

アテネパラリンピックのあと、僕個人としては、もっと全国各地でウィルチェアーラグビーができる環境を整えて競技人口を増やさないと、日本代表のレベルも上がらないと考えました。以来、関西や関東で何度も新しいチームを作ってきましたが、それは普及という意味合いが強くありました。

特に関東圏は埼玉県の所沢に国立リハセンターがあるなど、障害者が生活しやすい環境があるため、このエリアのウィルチェアーラグビー人口は増加傾向にあります。その一方で、関東以外の地域に目を向けると、都市部の関西においても競技人口を増やすことは簡単ではないという実情もあります。

僕が作ったストーマーズにしても、いろいろな県からプレーヤーが集まってチームが成り立っていますが、いずれは東北地方のプレーヤーだけで一、二チーム作れるような環境にしたいと考えており、さらに言えば、日本各地にウィルチェアーラグビーができる環境を整えて、自分のように障害を持った人が楽しく前向きに第二の人生を歩んでいけるようになることを願っています。

自分が少しでもそれに貢献できるよう、これからもベテランプレーヤーとして、また指導者として、そしてこのスポーツの魅力の発信者として、ウィルチェアーラグビーの発展に貢献したいと考えています。

## 自信をくれたヘッドコーチの言葉

もうひとつ、現在の僕の生活の中で大きな比重を占めているのが、ウィルチェアーラグビー日本代表のアシスタントコーチという仕事です。

日本代表アシスタントコーチとして参加したリオデジャネイロ大会が終了したあと、代表チームの活動はいつものように一時休止しました。つまりその時点で、僕の代表アシスタントコーチの任務も終了していました。

そして二〇一七年四月には、リオデジャネイロ大会の三位決定戦で戦ったカナダ代表を率いていたアメリカ人のケビン・オアーが、日本代表の新ヘッドコーチに就任することになりました。こうして日本代表は、新たな体制の下で活動を再開させています。

当初ケビンは、アシスタントコーチは必要ないと考えていたようですが、二〇二〇年東京パラリンピックとその後を見すえ、日本ウィルチェアーラグビー連盟が経験豊富なケビンの近くで日本人の指導者も育成したいと考え、その希望者を募りました。するとと健常者も含めて四、五人がそれに応募し、僕も希望者のひとりとして合宿や大会に参加して現在もケビンからいろいろ学んでいる最中なのです。

僕にそのチャンスが最初に回ってきたのは、二〇一七年五月のジャパンパラとその前の準備合宿からでした。

リオデジャネイロ大会ではほぼ独学でアシスタントコーチの任務を遂行しましたが、当時から自分の指導力の限界を痛感していたうえ、日本はもっと外国の一流ヘッドコーチからよいものをどんどん取り入れるべきだと考えていたので、それは願ってもない機会になりました。

実際にケビンの指導方法を間近で見ていると、自分がそれまで知らなかったことばかりです。特にゲームを見る力や戦術理論とそのメソッドなどはとても新鮮に感じられましたし、いい勉強になっています。初めの頃は自分が何をサポートすべきなのか戸惑った部分はありましたが、ヘッドコーチの仕事を円滑に進める役割にターゲットを絞ったのがよかったのかもしれません。

大会が始まる頃には、僕が通訳を兼ねてケビンの考えや言葉をプレーヤーたちに落とし込んだり、逆にプレーヤー側からの疑問を僕がケビンに聞いたりして、アシスタントコーチとして両者の架け橋のような役割を担えるようになれたのではないかと感じています。

大会終了後、ケビンは僕に「今回はいろいろサポートしてくれてありがとう」とねぎらいの言葉をかけてくれ、こう評してくれました。

「僕も日本人を指導するのは初めてのことだったから、プレーヤーたちにどこまで、どういうふうに伝えればいいのかわからない部分もあった。でも、君が僕の言葉や考えを日本語で直接伝えてくれて、さらに日本人コーチの言葉によってプレーヤーたちが試合に入るというスタイルは、僕としても気に入ったし、よかったと感じたよ」

彼の右腕として仕事をしたのはほんのわずかな期間でしたが、百戦錬磨の一流ヘッドコーチにそう言ってもらえたことで、僕も少しはアシスタントコーチのポジションに近づいたかもしれないという自信を持つことができました。

## 二〇二〇東京パラリンピックとヘッドコーチへの道

そのジャパンパラでは、ケビンの言葉以上に嬉しかった出来事がありました。大会のすべての試合が終了したとき、アメリカ代表のヘッドコーチとアシスタントコーチが声をかけてきて、僕のアシスタントコーチとしての仕事ぶりを高く評価してくれたのです。

「君、確か二〇一五年頃から日本のアシスタントコーチを務めているだろ？　なかなかいい仕事ぶりだね」

「いやいや、僕はそんなにたいしたことはしてないですよ」

「冗談なんかじゃなくて、ずっと見ていたよ。いいものを持っているから、もっと勉強して、そのままいいコーチを目指していきなさい」

それは、驚きの言葉でした。まさか僕がアメリカ代表のヘッドコーチに褒められるとは、想像もしていませんでした。

自分のボスであるケビンに評価されたことも嬉しかったですが、アメリカのヘッドコーチに「敵ながらあっぱれ」と、自分の仕事ぶりを認められたことはもっと嬉しかったし、いま以上に真剣に取り組まねばと身の引き締まる思いでした。

しばらくして、その言葉を思い返しながらいろいろなことを考えました。

おそらくその言葉の裏には、プレーヤー経験者がヘッドコーチになることの意味や、代表チームに求められるものなど、いろいろな意味を含め期待してくれているのだろうと思います。

だとしたら、もし自分にヘッドコーチを目指すチャンスがあるなら、それを逃すわけにはいかない……。現在はそう考えています。

とにかく、そう言ってもらえたからには、簡単にコーチの仕事を辞めるわけにはいきません。今後はもっと必死にコーチ学を勉強し、いつの日かきっとウィルチェアーラグビー日本代表のヘッドコーチとして、パラリンピックに出場したいと強く思うようになりました。

そしてその目標を達成するため、もう一度海外に飛び出してコーチ学を学ぶための留学をしたいとも目論んでいます。できれば、ウィルチェアーラグビーにおいて世界最先端の地であるアメリカでそれが実現できたら最高だと思っていますが、その前にまずは現在の代表チームの正式なアシスタントコーチとして、ケビンに認められるよう努力しなければいけないことも自覚しています。

果たして自分がどこまでコーチとして成長することができるのか。自分の可能性と自分に対する期待も込めて、当面の目標をそこに絞っているところです。

最近は、二〇二〇年に自分が何をしているのだろうか、と想像することがあります。

無事に自分の目標が達成されていれば、おそらく僕はケビンのアシスタントとして東京パラリンピックに参加していることになります。

もちろん二〇二〇年が最終目的地ではないけれど、少なくとも東京パラリンピックはウィルチェアーラグビーというスポーツを世間に広く知ってもらえる最大のチャンスだということは間違いありません。その絶好の機会を逃さないためにも、ウィルチェアーラグビー日本代表は是が非でも、二〇二〇年の大舞台で金メダルを獲得する必要があると思いますし、僕もその偉業にできる限りの貢献をしたいと思っています。

きっとそこには、リオデジャネイロで流した涙とは比較にならないほどの歓喜と感動の涙が待っていることでしょう。

そんな光景を想像するだけで、自然と僕の腕は車いすの両輪を強く動かし始め、勢いよく僕を前進させてくれるのです。

# あとがき

僕は以前から、どうしても自身の経験をつづった書籍を出版したいと考えていました。

それは、僕自身の歩んできた道や、選んできた挑戦のひとつひとつが、きっと誰かにとっての道しるべになるのではないかという想いがあったからです。

そんな想いを山川出版社の野澤武史さんにお話したところ、「ぜひ、うちで出そう！」と快く引き受けてくださり、今回の出版へと至りました。本当に感謝です。

そして、この本をまとめるにあたって口述筆記という形を取らせてもらったのは、自分の伝えたい想いが一方的なものにならないようにするため、また、きっと自分ひとりでは呼び起こせない物語や言葉を紡いでもらいたいという理由から、中山淳さんにお願いしました。何度も足を運んでインタヴューを重ねてもらい、本当に長い時間向き合っていただきました。

思っていた通り、いろんな視点から僕の話を拾い上げてくださったおかげで、納得いくものに仕上がりました。こちらも本当に感謝です。

ここに書きつづったすべての歩みと挑戦には、必ず誰かの支えがありました。ひとりで立ち向かった壁など、ひとつもありません。

そのなかでも親友である大垣内氏と、家族と妻には本当に感謝しています。大垣内には何度も救われました。そのやり方はいつも強引でしたが(笑)。

彼のような、余計なことにとらわれず真正面から壁を壊して向きあってくれた仲間がいたからこそ、つながり続けられる絆もあるのだと教えてもらいました。

今でも大阪に帰るときには、彼とお酒を飲むことが最優先事項です。

家族は僕以上に泣いたこと、悩んだこと、つらい思いをしたこともあったと思います。それでも僕の挑戦を支え、応援し続けてくれたことに頭が下がります。この家族と一緒だったからこそ、いまの僕があると確信しています。

僕にできる恩返しは、日々を全力で生きることです。

そして、もう歩みを止めてしまいたいと思ったとき、いつも妻は力強く背中を押してくれました。彼女がいなければ、僕の挑戦はロンドンパラリンピックで終わっていたかもしれません。新たな挑戦の舞台へ送りだしてくれたこと、それを後ろで支え続けてくれていることに、頭が下がります。

思えば彼女と出会ってから、ターニングポイントでは必ず彼女に救われていたように思います。様々な壁が立ちはだかることをわかったうえで一緒になってくれたことに感謝しながら、僕も、少しずつでも彼女の夢を支えていきたいです。

私ごとで恐縮ですが、去年の夏に娘が生まれました。かけがえのない存在です。

出産に立ち会えず、リオパラリンピックでのメダル獲得の瞬間には日本でオムツを変えてもらっていたという「大物」ぶりですが、お陰さまで元気に成長しています。

これまでさまざまな挑戦をしてきましたが、これから先の一番大きな挑戦は、娘が誇れる父親になることかもしれません。きっと彼女もいつか、障害者の父親という壁と向き合います。そんなとき、僕自身が自分に胸を張れる人でありたいと思います。

最後に。

何度も言葉にしましたが、僕の人生は立ちはだかる壁を越える挑戦の連続でした。それは今もなお続いています。

壁は自分で作り上げるもの、否が応でも立ちはだかってくるものさまざまです。また、その壁にどう挑むかもさまざま。そのなかで僕は、次の三つの考え方を大事にするようにしています。

「違うことは個性だ」

「できないではなく、どうすればできるかを考える」

「続けること」

大切なのは成功や失敗にとらわれるのではなく、壁を越えた先に何が待っているのかを想像すること。そして挑む過程で何を得るかだと思います。

壁を越えたその先の未来。挑戦することの価値――。それが人を前へ進める原動力だと、僕は自分の人生から学びました。

今この世界のどこかにきっと、大きな壁を目の前にして「自分にこんなことができるわけない」と、立ちすくんでいる人がいると思います。僕がそうだったように。

でも、けっしてあなたはひとりではありません。

この本が誰かにとって、顔を上げること、前を向いて歩き出すことのきっかけになれば嬉しいです。

二〇一七年一二月二六日

三阪　洋行

ロンドンパラリンピックの選手村で（左が梢さん、右は著者）。この大会の１年半後、ふたりは結婚した

〔著者紹介〕

三阪洋行（みさか　ひろゆき）

1981年大阪府東大阪市生まれ。布施工業高校3年生のとき、ラグビー練習中の事故で頸髄を損傷し、車いす生活に。2003年にウィルチェアーラグビー日本代表に選出され、以後3大会連続でパラリンピックに出場。2016年リオパラリンピックではコーチとして日本代表初のメダル（銅）獲得に貢献した。現在はバークレイズ証券に勤務しながら日本代表コーチ、東北ストーマーズのプレーイングマネージャーとして活躍し、障害者スポーツを拡大する活動にも取り組んでいる。

〔執筆協力〕

中山　淳（なかやま　あつし）

「ワールドサッカーグラフィック」誌編集長を経て2005年に独立。紙・WEB媒体に寄稿する他、CS放送のサッカー番組に出演。ラグビー関連雑誌や書籍の編集、執筆も行う。雑誌、書籍、WEBなどを制作する有限会社アルマンド代表。同社発行「フットボールライフ・ゼロ」編集発行人。


壁《かべ》を越《こ》える――車いすのラガーマン　パラリンピックへの挑戦――

2018年2月10日　第1版第1刷印刷　　2018年2月20日　第1版第1刷発行

著　者　三阪洋行

発行者　野澤伸平

発行所　株式会社 山川出版社

〒101-0047　東京都千代田区内神田1-13-13

電話　03(3293)8131(営業)　03(3293)1802(編集)

https://www.yamakawa.co.jp/

振替　00120-9-43993

企画･編集　山川図書出版株式会社

印刷所　半七写真印刷工業株式会社

製本所　株式会社ブロケード

装　幀　マルプデザイン（清水良洋）

本　文　梅沢 博



ISBN978-4-634-15129-1 C0095